世界の島をめぐる国際法と外交

中 谷 和 弘

# 世界の島をめぐる
# 国際法と外交

信 山 社

# は し が き

　本書は，島の領有や管理をめぐる国際法上及び外交上の諸課題のうちいくつかについて，具体例に照らして考察するものである。本書は，国際判例を踏まえつつも，判例研究自体を行うものではなく，とりあげた事例の大半は国際裁判になっていないものである。日本の領土問題を考えるにあたって参考になりそうな事例，外交上特に重要な事例，際だった特徴を有する事例，他の文献ではふれられていない事例を優先的にとりあげている。

　本書のうち，Ⅶは島に特有のものではないが，島の領有や管理を考えるにあたっても参考になり得るため，本書に掲載することとした。

　本書の多くの論考は，笹川平和財団海洋政策研究所島嶼資料センター発行の『島嶼研究ジャーナル』に掲載されたものである。同誌の編集委員として編集委員会に参加し，島をめぐる諸課題について貴重なご示唆を頂いたことに厚く御礼申し上げる。また，日本国際問題研究所の領土・主権・歴史関連の研究会に参加させて頂き，貴重なご示唆を頂いたことにも厚く御礼申し上げる。

　表紙はⅠで登場するアブムーサ島の写真，裏表紙はⅥで登場する会議島の絵である（いずれも Wikimedia Commons からの掲載である）。

　本書の刊行に際しては，信山社の袖山貴社長，稲葉文子氏，今井守氏，高畠健一氏に今回も格段のお世話になった。厚く御礼申し上げたい。


2023年 6 月10日

中 谷 和 弘

〈目　次〉

# 世界の島をめぐる国際法と外交

# I　アブムーサ島に関するイラン・シャルジャ間の了解覚書についての国際法上の考察

## 1　はじめに

　ペルシャ（アラビア）湾内に所在する小島であるアブムーサ（Abu Musa）島及び大小トンブ（Greater and Lesser Tunbs）島[1]は，イランとアラブ首長国連邦（UAE）が領有権を争っている（イランが実効的支配をしている）。この領土紛争は，3島がホルムズ海峡[2]近辺に所在するという地政学的重要性から国際政治上の関心を集めてきたが，国際法上特に興味深いのは，3島の実効的支配をしていた英国から UAE が独立して UAE に主権が移譲される直前の1971年11月下旬にアブムーサ島に関してイランとシャルジャ（Sharjah, UAE の支邦）の間で了解覚書（Memorandum of Understanding, MOU）が合意されたこと，及び，その直後の11月30日にイランが大小トンブ島の全部とアブムーサ島の一部を占拠したことである（その後，1992年にイランはアブムーサ島全体を占拠し，今日に至っている）。

　本章では，長期間に亘るこの複雑な領土紛争のうち，この了解覚書に的を絞って国際法の観点から若干の考察を加える。まず，2において了解覚書に至る経緯をごく簡単に見た上で，3において了解覚書の内容，4においてイランによる支配の拡大について概観し，5において国際法上の論点について指摘することにしたい[3]。

---

(1)　アブムーサ島は UAE のシャルジャ首長国の北西65キロに所在し，面積は12.8平方キロ，大小トンブ島はアブムーサ島の北40キロに所在し，面積は大トンブ島が10.3平方キロ，小トンブ島が2平方キロである。

(2)　ホルムズ海峡については，拙稿「ホルムズ海峡と国際法」坂元茂樹編著『国際海峡』（東信堂，2015年）129–155頁参照。

## 2 了解覚書に至る経緯

アブムーサ島及び大小トンブ島の領有権を巡る紛争の長期に亘る複雑な歴史的経緯については紙幅の制約ゆえ省略せざるを得ない。ここでは英国が休戦諸国（Trucial States）から撤退する1971年11月まで実効的支配をしてきたことのみを記しておきたいが，特筆すべきは次の点である。イランの Pahlavi 皇帝（Shah）と英国政府の湾岸問題担当であった Luce との会談において，Shah は英国との協定に達しない場合には実力をもってアブムーサ島及び大小トンブ島を占拠する意図を明確にした。英国にとっての問題はいかに面目を潰すことなくイランによる占拠を黙認するかであった。英国外務省内では，「撤退」（withdrawal）という言葉は悪い印象を与えるため，「我々の関係の現代化」（modernization of our relationship）という言葉を使ったほうがよいという意見も示された。また，ありうべき解決案として，主権の曖昧化（blurring sovereignty），共同領有（condominium），賃借取極（leasing arrangements），即座の売却（outright sale），ありうべき石油収入の分配（sharing of a possible oil revenues），イランへの金銭的誘引（Iranian financial inducements）や，さらにシャルジャの Khalid 首長がアブムーサ島の，ラアス・ル・ハイマ（Ras al-Khaimah, UAE の支邦となる）の Saqr 首長が大小トンブ島の世襲君主となるが Shah に服従する旨の秘密合意までもが検討された[4]。Luce はイランによる年間160万ポンドの支払及び大小トンブ島の沖合油田からの収入の49％の配分とひきかえにラアス・ル・ハイマが両島に対する主権をイランに委譲することを提案したが，Saqr

---

(3) 筆者は，1996年11月にアブダビにおいて UAE 外務省の担当官に面会して以来，この問題に関心を有し，少しづつ資料を収集してきたが，国際裁判になっていない第三国間（しかも非英仏語圏）の領土紛争に国際法の観点からアプローチすることの難しさを痛感してきた。2018年に決定版ともいえる900頁余からなるモノグラフ（Charles L. O. Buderi and Luciana T. Ricart, The Iran-UAE Gulf Islands Dispute, Brill）が刊行され，了解覚書についても多くの頁を割いて詳細な検討を行っている。本稿では主に同書に依拠しつつ考察をすすめた。邦語文献としては，石田進『ペルシャ・アラビア湾岸諸国間の領土紛争の研究』（三省堂，2003年）164-175頁，堀拔功二「湾岸諸国における国境と国家の存立構造 —— UAE の国境問題の展開を事例に」『国際政治』162号（2019年）56-69頁参照。

はこの提案を拒否した[5]。撤退直前の英国にはアブムーサ島及び大小トンブ島をイランの領土的野心から防衛してシャルジャ及びラアス・ル・ハイマに引き渡すという強い意思はおよそ欠如していたと言わざるを得ない。

　ここではさらに国際法上興味深い次の2つの事実を指摘しておきたい。

　第1に，もしこの領有権問題が国際裁判となった場合の勝訴の可能性につき，1966年に英国政府の一職員が勝訴は60％と見積もったが，1971年までには英国外務省は十中八九勝訴するだろうと楽観視するようになった[6]。

　第2に，アブムーサの領有権について英国の法律事務所がシャルジャから依頼を受けて作成した1971年7月23日の文書があり[7]，その主たる内容は次の通りである。

　「1．アブムーサ島は最も初期の記録された日からシャルジャの歴代首長に確かに帰属し，歴代首長が同島に対する主権を有してきた。この権原はシャルジャのQawasim一族による長期かつ継続的な期間に亘る同島の間断なき所有（国際判例によって主権の構成のための不可欠な要素として確立されている）に基づいている。

　2．18世紀末から1935年までのBushireの英国総督代理邸の記録は，シャルジャのQawasimのためにしばしば主張及び行使されたアブムーサ島に対する排他的な権利を示している。湾岸における英国当局はシャルジャの権原を擁護し，少なくとも100年間に亘りそうしてきた。シャルジャの旗は同島に1903年

---

(4)　Martin W. Daly, *The Last of the Great Proconsuls : The Biography of Sir William Luce*（Nathan Berg, 2014）, p. 297. 大小トンブ島に関して，ラアス・ル・ハイマの首長はイランに対して，ラアス・ル・ハイマが主権は保持しつつもイランに賃貸することを提案したが，イランは拒否した。Richard A. Moblcy, The Tunbs Abu Musa Islands: Britain's Pcrspective, *Middle East Journal*, vol. 57（2003）, p. 634.

(5)　Hassan Hamdan al-Alkim, The Foreign Policy of the United Arab Emirates（Saqi Books, 1989）, p. 142.

(6)　Mobley, *supra note* 4, p. 629.

(7)　Interim Report to His Highness the Ruler of Sharjah, prepared by Coward Chance and Associated of Swithin's House, *in* Husain M.Al-Baharna, *The Arabian Gulf States: Their Legal and Political Status and Their International Problem*（Second revised ed., Librairic du Liban, 1975）, pp. 344–345.

から掲げられてきた。

　3．1898年からシャルジャの統治者は島内及び島の周辺での鉱物のコンセッションを第三者に付与してきた。これらのコンセッションにつきイランからの抗議は1970年になされたもの以外にはなかった。アブムーサ島を利用する真珠業者及びその他の者はシャルジャの統治者に少なくとも1863年から毎年税を支払ってきた。

　4．アブムーサ島に対するイランの最初の権利主張は1904年の事件から生じた。その時点からイランのアブムーサ島に対する主張を支持するいかなるものも記録の中に見い出せない。

　5．1878年から1887年までの期間に Lingeh の Qawasim の統治者がアブムーサ島同様にトンブを統治したとのイランの主張には，これを支持するいかなるものも記録の中に見い出せない。ラアス・ル・ハイマと Lingeh の共同統治に服したと思われる大小トンブ島と明確にシャルジャの統治者の主権下にあったアブムーサ島とは異なる。

　6．1888年に英国が Shah に示した地図に基づくイランの主張も反駁される。地図の不正確さの危険は明らかであり，とりわけ多くの島が異なる所有者の場合にはそうである。英国政府は，地図の色付けにおける誤謬は同意を得ていない統治者の主張を損なうものではないとする。」

　この主張は，権原の歴史的凝固（historical consolidation of title）理論（先占，時効，添付，割譲といった領域取得の態様の要件をたとえ満たさなくても総合判断により領域取得が認められ得るとの考え方）に依拠した領有権の主張であると解せられる[8]。但し，国際司法裁判所（ICJ）は，「カメルーン・ナイジェリア間の領域及び海洋境界事件」判決（2002年）において，ナイジェリアが援用した同理論を「既に確立された領域取得の態様にとってかわることはできない」として採用しなかった[9]。

---

(8)　Mohamed Abdullah Al Roken, Dimensions of the UAE-Iran Dispute over Three Islands, *in* Ibrahim Al Abed and Peter Hellyer (eds.), *United Arab Emirates : A New Perspective* (Trident Press Ltd., 2001), p. 191.

(9)　*ICJ Reports 2002*, p. 352.

## 3　了解覚書の内容

アブムーサ島に関する1971年11月下旬のイラン・シャルジャ間の了解覚書の内容は次の通りである[10]。

「イランもシャルジャも，アブムーサ島に対する自らの要求を放棄しないし，また相手の要求も認めない。この背景の下で，次の取極がなされる。

1．イランの軍隊はアブムーサ島に到着する（will arrive）。彼らはこの覚書に付された地図で合意された範囲の区域を占領する（will occupy）。

2．(a) イランの軍隊によって占領された合意区域内では，イランは完全な管轄権を有し，イランの旗が掲げられる（will fly）。

(b) シャルジャは同島の残りの部分に対して完全な管轄権（full jurisdiction）を保持する（will retain）。イランの旗がイランの軍隊の占領区域に掲げられるのと同じ根拠で，シャルジャの旗がシャルジャの警察の駐在区域に掲げられ続ける（will continue to fly）。

3．イラン及びシャルジャは同島の領海の幅を12カイリとすることを承認する（recognize）。

4．アブムーサ島の石油資源及びその領海の下の海床・海底の開発は，イランにとって受入可能でなければならない（must be acceptable to Iran）協定の下で Buttes Gas and Oil 会社によってなされる（will be conducted）。当該開発に起因する今後の政府の石油収入は同社によってイラン及びシャルジャに半分ずつ直接に支払われるものとする（shall be paid）。

5．イラン及びシャルジャの国民はアブムーサ島の領海において平等な漁業の権利を有するものとする（shall have equal rights）。

6．イランとシャルジャの間では財政援助協定が署名される（will be signed）。」

なお，この了解覚書はイラン・シャルジャ間のものであるが，Luce がイラン・シャルジャ間のシャトル外交を行った結果，英国が原案を作成して，まずシャルジャに提示してシャルジャが11月18日に了承した上で，今度はイラン側

---

[10]　P. L. Toye (ed.), *The Lower Gulf Islands : Abu Musa and the Tunbs*, vol. 6 1935–1971 (Archive Editions, 1993), pp. 490–491.

に提示し，イランが11月25日に了承し，11月26日に英国がシャルジャにその旨
を伝えて成立したものである。11月25日の書簡において，イランは，「本覚書
は，アブムーサ島及びイラン軍の安全を守るため必要と考える同島におけるい
かなる措置をもとるイランの行動の自由を制約するものではないとの理解の下
に，本了解覚書を受諾する」旨の立場を示した[11]。了解覚書の締結方式として
は，Shah が「英国がアブムーサ島および大小トンブ島を奪ったのだから，英
国としか合意しない」という強硬な立場をとったため，Peter Ramsbotham
駐イラン英国大使の提案で，イランと英国との交換公文，及び，シャルジャと
英国との交換公文という２つの交換公文の形をとることとなった[12]。

## 4　イランによる支配の拡大

　本了解覚書が合意された直後の1971年11月30日，イラン軍はアブムーサ島北
部に進出し，また大小トンブ島を占拠した。このような大変な状況の中，UAE
は同年12月２日に６首長国による連邦国家として英国から独立した（ラアス・
ル・ハイマは1972年２月10日に UAE に加わった）。主要各国は UAE を国家承認
し（日本は12月３日に承認），12月４日にはイランも国家承認をした。なお，イ
ラクは，本件は英国とイランの共謀に基づくとして，イラン及び英国との外交
関係を断絶した。また，サウジアラビアは UAE との間で国境問題を抱えてい
たこともあって，国境問題を解決する1974年７月29日の合意まで UAE を国家
承認しなかった[13]。

　アブムーサ島へのイランの行動に関連して，外交史料館所蔵史料「アラブ首
長国連邦独立問題」[14]では，現地の日本大使による次のような興味深い報告が
みられる。

---

(11)　Toye（ed.），*supra note* 10, p. 494.

(12)　Northcutt Ely, Recollections of the Persian Gulf, http：//www.redlandsfortnightly.
　　org/papers/persgulf.htm Ely は Khalid 首長の顧問弁護士をつとめた。

(13)　この時期のサウジアラビアと UAE の関係につき，al-Alkim, *supra note* 5, pp. 118-
　　121.

(14)　管理番号2014-3222

①　前田憲作在イラン大使発福田赳夫外務大臣宛1971年11月28日付電信第572号

「1．27日，最近一週間にわたりペルシャ湾がん［ママ］土こう［ママ］国地方に出張滞在した■■［中谷注：イラン政府高官名が付されていると思われる］が館員（ニシムラ）に対しアラブ首長国連邦の発足及びイランの新連邦承認につき語ったところ次の通り。［中谷注：以下略］

2．イランとシャルジャ及びラス・アル・ハイマ［中谷注：ラアス・ル・ハイマのこと。以下同］の間で3島領有問題につき了解が成立したので，イランは新連邦の発足が正式発表されれば直ちにこれを承認する予定である。3島問題の解決の態様はまず大原則として，いずれの側も領有権，所有権をだれのものとしたかについて出来るだけプレイアップすることをおさえるよう努めることにした上で，

（イ）両トンブ島については，イランが実力で占拠する形をとり，ラス・アル・ハイマが代償の金を受取る。ただしイランの占拠は出来るだけ目立たないようにするため比較的少数の憲兵が派遣され駐とんし，占有後もイラン領を示すブイなどを付近の海に配置する程度でひかえ目なものとする。また代償の金については，ラス・アル・ハイマは，右をアブ・ダビ［中谷注：Abu Dhabi, UAEの支邦となる］から経済開発援助資金の名目の下に入手するが，金額はとるに足りない額である。（アブ・ダビはその代りイランから新連邦の承認の内だく［ママ］を取りつけた訳である。）

（ロ）アブムサ［ママ］については，イランは従前英国がシャルジャに支払っていた軍事施設等し［ママ］用料と同額をシャルジャに支払って右施設等を英国に替って借受けるという形をとる。［中谷注：以下略］。

3．イラン側が上記2．の形で3島領有問題の解決に同意したのは11月15日から20日にかけての話合いにおいてであり，イラン英国土こう［ママ］国間のとりまとめはルース特使が行なった。［中谷：以下略］」

②　高瀬直智在クウェート大使発福田赳夫外務大臣宛1971年12月10日付電信第347号

「1．7日午後シャルジャに赴きハーリド首長に表敬したが，その際先方よりアブムーサ島問題に触れ，同問題はこれまで同国とイランとの間の懸案であ

り連邦成立の障害となっていたが，先般英国の仲介により円満解決をみるに至ったとして英側解決案受諾に関する同首長のヒューム外相宛11月18日書簡及びこれに基づいてイギリス・イラン両国外相間で合意された Memorandum of Understanding を主内容とするヒューム外相の11月20日付返簡及び附属書簡等のコピーを提示しつつ今回の取極につき要旨次の通り説明した。

　(1) シャルジャ及びイランは夫々主権（claim）を有するがこれは双方が相手方の主権を認めることを意味しない。

　(2) イラン側は取極に従い指定区域（北部丘陵地帯及び海岸線が主体）に駐兵し，その地区内では管轄権（jurisdiction）を有して軍司令部にはイラン国旗を掲げる。

　(3) シャルジャ側は残余の地区（現在 red oxide 採掘現場となっている地帯及び港を含む島の中央部）に対し管轄権を有し，警察本部にはシャルジャの国旗を掲げる。

　(4) イランはシャルジャの財政収入が年間300万ポンドに達するまで毎年150万ポンドの財政援助を行う。

　(5) 現在試掘中の Butes gas and oil Co. の石油探索が成功した場合にはその利権収入はイランとシャルジャが折半する（同首長によれば本件石油掘削には日本の某社も参加している由）。

　2．これに対し本使より上記の取極内容と去る1日のテヘランにおけるイラン首相の議会報告とは聊か異った印象を受ける旨指摘したところ，先方はホベーダ首相の発言は多分に国内向けのもので事実はあくまでもこれら書簡に明記される通りでシャルジャとしてはこの点については英国が将来に亘って保証してくれることになっているので不安は抱いていない旨述べた。[中谷注：以下略]」

　③ 高瀬直智在クウェート大使発福田赳夫外務大臣宛1971年12月10日付電信第348号

　「1．7日，シャルジャに引続き夕刻ラス・アル・ハイマに赴き[中谷注：以下略]

　2．翌8日午前，サクル首長を往訪，表敬したところ，先方は[中谷注：中略]次の通り述べた。

(1) イラン軍上陸の前日に当る先月29日，イランの代理大使が来訪し，シャルジャの場合と同様年間150万ポンドの財政援助と引換えに両島をイラン側に引渡すことを申出たが，自分としてはイラン側はこれまで通りラス・アル・ハイマの領有権（SOVEREIGNTY）を全く認めようとしなかったので申出を拒否した。[中谷注：以下略]

(2) イラン軍約500名は去る30日未明，無警告で上陸を強行し，6名の駐在武官が手持ちの小銃で応戦しイラン側に3-4名の死傷者を出させたが，負傷をおい全員イラン側に拉致された。

(3) イラン軍上陸後，島民約400名は銃口をつきつけられつつ，婦人の貴金属，宝石等がイラン兵士により掠奪されたほか，全員着のみ着のままで小さな漁船で立退かされ，同日夕刻本土に辿りついたが，ラス・アル・ハイマ政府はこれら難民をとりあえずテント村に収容するなど，救済に苦慮している。[中谷注：以下略]」

1971年12月3日の書簡において，アルジェリア，イラク，リビア及び南イエメンは安保理議長 Taylor-Kamara（シエラ・レオネ）に対して「イラン軍によるアブムーサ島及び大小トンブ島の占拠から生じたアラビア湾における危険な状況」につき審議するため安保理の緊急会合の開催を要請した[15]。

同年12月9日午後の第1610回安保理会合（イラン，UAE，上記4か国及びクウェートが招聘された）においてこの問題が討議された。イラクの El-Shabib 代表はイランの行為は国連憲章第2条4項違反であると主張するとともに，英国の責任を追及し，「英国はラアス・ル・ハイマを保護する義務を果たさなかった。イランと英国の共謀がこの状況を招いた。1892年3月の英国と休戦海岸の首長との間の合意によりシャルジャの首長は英国の同意なしに第三国と合意を締結できなかったため，シャルジャとイランの了解覚書は無効である。また強制により締結されたゆえ無効である」旨，主張した[16]。クウェートの Bishara 代表は，イランの国連憲章第2条4項違反を非難し，英国に対してこの悲劇における「不名誉な役割」（ignoble role）に抗議したことを明らかにした上で，「イランに対してこの問題を ICJ に付託するか仲裁に合意することを提案したが拒

---

[15]  UN Doc. S/10409.

[16]  UN Doc. S/PV/1610, pp. 4-10.

否された」旨，述べた。さらに，「英国政府から Luce の提案に Saqr 首長が協力するよう支援してほしいと求められたが拒否した」旨，述べた[17]。南イエメンの Ismail 代表は，1892年3月の英国と首長間の合意を引いて，「英国はこれを無視してシャルジャがイランとアブムーサを共有する合意を認めたのは，英国自身及びその同盟国の利益のためだ」とし，「英国はイランによる侵略に全面的な責任を負う」と主張した[18]。イランの Afshar 代表は，「イラク，アルジェリア，リビア及び南イエメンは，アブムーサに関する合意が既になされシャルジャが満足しているという事実を無視している。大小トンブ島については交渉による解決に努めたが果たせなかったため主権的権利の行使を確立する以外に手段がなかった」旨，主張した[19]。英国の Crowe 代表は，「アブムーサ島に関するイランとシャルジャの合意は両者の名誉と尊厳を保持した有意義な合意である。大小トンブ島に関して交渉による解決に達することができなかったことは非常に遺憾である」旨述べた[20]。UAE の Pachachi 代表は，「もしイランがこれらの島々を要求する強力な法的及び歴史的な根拠があると感じるならば，ICJ 又は仲裁に付託するか，UAE 又は国連と交渉することを躊躇すべきではない」と主張した[21]。ソマリアの Farah 代表は，「この段階で憲章第36条に基づく勧告を発することは早急すぎる。第三者による静かな外交のために十分な時間を与え，それがうまくいかなかった際に安保理での審議を再開するのがよい」と提案した[22]。Taylor-Kamara 議長は，このソマリア代表の提案を容れて，安保理での審議は後日まで延期するとした[23]。その後，今日に至るまで安保理でこの問題は審議されていない。

　Ely による1985年の回顧談では，次の指摘がなされている。① Khalid 首長から「顧問弁護士としてではなく友人として尋ねるが，もし君が私の立場だっ

---

(17)　UN Doc. S/PV/1610, pp. 10–14.

(18)　UN Doc. S/PV/1610, pp. 14–17.

(19)　UN Doc. S/PV/1610, pp. 17–19.

(20)　UN Doc. S/PV/1610, pp. 19–20.

(21)　UN Doc. S/PV/1610, pp. 22–24.

(22)　UN Doc. S/PV/1610, p. 24.

(23)　UN Doc. S/PV/1610, p. 24.

たらどうするか」との相談を受けた Ely は，「了解覚書に合意する」と述べ，
その理由として，「アブムーサ島自体は岩礁に過ぎず，重要なのは石油である。
イランとの石油収入の公正な分配につき主権の移譲を要求されることなく合意
できればシャルジャは繁栄できる。合意を拒否すればイランの圧倒的な力ゆえ
に同島を失うが，米国も英国も介入しないだろうし，アラブ諸国もイランと闘
わないだろう」と述べた。②Khalid は了解覚書に喜んで署名した。③アブムー
サ島に入ったイラン軍はシャルジャ代表により丁重にもてなされ，２つの旗が
島の両端に掲げられ，新体制が祝われた。④ラアス・ル・ハイマはイランとの
合意を拒否したため，イラン軍がヘリコプターで大トンブ島に入り，発砲し，
何名かのイラン人とアラブ人が殺害された[24]。

　1992年４月には，イランがアブムーサ島全体を占拠した。イランは，同島に
ある UAE の関連施設から外国人を追放し，入島を拒否する行動をとった。こ
うして，アブムーサ島も大小トンブ島もイランが占拠する状況が現在まで継続
している。

## 5　省　察

　ここでは国際法の観点から，まず本了解覚書全般に関して以下の６点を指摘
しておきたい。

　第１に，アブムーサ島におけるイランの行動の評価に関しては，了解覚書と
の関連で細かな検討を要する。これに対して，大小トンブ島へのイランの侵攻
に関しては，ラアス・ル・ハイマそして UAE の領域主権を侵害する国際法違
反であることは明白である[25]。たとえ同島がイランの領土である正当な根拠が
あるとしても，失地回復のための武力行使は国連憲章下では容認されていな

---

[24]　Ely, *supra note* 12.

[25]　この点につき，Dorota Marianna Banaszewska, The Legal Status of Greater and
Lesser Tunbs Islands Including a Brief History of the Legal Dispute, *in* Jörg
Schildknecht et als. (eds.), *Operational Law in International Straits and Current Mari-
time Security Challenges* (Springer, 2018), pp. 85–98 ; Buderi and Ricart, *supra note*
3, pp. 625–634.

い[26]。

　第2に，中間的合意としての本了解覚書について。本了解覚書はアブムーサ島の最終帰属を規定したものではなく，主に両当事者間での暴力行為の発生を防止するための領域に関する中間的な合意である[27]。その意味では，ヤルタ協定や日ソ共同宣言とも共通するものといえよう。

　第3に，本了解覚書の法的拘束力について。了解覚書一般については，米国，ドイツ，オランダの各政府においては拘束力ある文書として，英国政府においては拘束力のない文書として理解されてきた。1992年の「ヒースロー空港使用料事件」米英仲裁判決では，当該問題に関する1983年の両国間の了解覚書につき法的拘束力を有しない旨，判示した[28]。本了解覚書については，英国政府が作成したという経緯に加えて，拘束力の存在を示唆する shall ではなく拘束力の不存在を示唆する will が多用されている（shall は2か所のみ使用されている）という点からも，法的拘束力はないと解するのが妥当である[29]。もっとも非拘束的文書であることは一切の国際法上の法的効果を有しないことを意味するのではなく，矛盾する言動によって不当に利益を得ることはできないという禁反言（estoppel）の効果が生じることとなり[30]，またこの文書に従った言動に相手締約国は異議を唱えることができなくなるという意味での対抗力（opposabil-

---

(26)　アルゼンチンは200年近く前に奪われた領土を奪還するとして1982年に英国領フォークランド諸島に侵攻したが，同年4月2日の国連安保理決議502は「平和の破壊」を認定した。

(27)　Buderi and Ricart, *supra note* 3, p. 716. もっとも暫定的な行政取極（temporary administrative arrangement）であるという UAE の立場に対しては，時限が定められていることに加え，準備作業（*travaux préparatoires*）からも，そうは言えないというイランの研究者の見解もある。Mohammad Reza Dabiri, Abu Musa Islands : A Binding Understanding or A Misunderstanding, *Iranian Journal of International Affairs*, Vol. 5 No. 3&4（1993/94），p. 579.

(28)　同仲裁判決につき，拙著『航空経済紛争と国際法』（信山社，2022年）101-107頁，154-163頁参照。

(29)　Buderi and Ricart, *supra note* 3, pp. 662-663では，will や arrangements といった非拘束性を推定させうる用語も拘束性を推定させうる agreed や recognize といった用語と組み合わせて用いられているとし，結論として本了解覚書は拘束力を有すると指摘するが，英国政府の慣行や上記仲裁判決にはふれていない。

ity）の効果が生じうることとなる。

　第4に，シャルジャの条約締結権について。英国の保護下にあったシャルジャ
は1892年の英国との保護条約において，英国政府以外とは合意を締結しない旨
が規定されたが，英国自身が主導してシャルジャとイランの合意にこぎつけた
以上，シャルジャには少なくともイランとの条約締結権は付与されたと解する
のが合理的である[31]。

　第5に，本了解覚書はUAEに承継されるかという問題について。条約につ
いての国家承継条約[32]は，イランもUAEも当事国ではなく，それゆえ慣習国
際法の同定が必要になる。細かい議論は省略せざるを得ないが，本了解覚書の
中核部分は，境界制度（第11条）又はその他の領域的制度（第12条）を創設す
る国際合意として位置づけられる所，これらの合意については，国家承継によっ
て影響を受けない旨が両条において規定されている。さらに，第12条について
は，ICJ「ガブチコボ・ナジマロシュ事件」（ハンガリー対スロバキア）判決（1997
年）において慣習国際法のルールを反映していると指摘されている[33]。第11条
も同様に解されよう。それゆえ，本了解覚書はUAEに承継されると解せられ
る。

　第6に，本了解覚書は強制に基づく合意ゆえ無効であるとの主張の妥当性に
ついて。条約法に関するウィーン条約（昭和56年条約第16号）第51条では「条
約に拘束されることについての国の同意の表明は，当該国の代表者に対する行
為又は脅迫による強制の結果行われるものである場合には，いかなる法的効果
も有しない」と規定し，第52条では「国際連合憲章に規定する国際法の諸原則
に違反する武力による威嚇又は武力の行使の結果締結された条約は，無効であ
る」と規定し[34]，第53条（一般国際法の強行規範に抵触する条約）とともに条約

(30)　この点につき，Anthony Aust, *Modern Treaty Law and Practice*(Cambridge University Press, 2nd ed., 2007), pp. 54–55.

(31)　この点につき詳細は，Buderi and Ricart, *supra note* 3, pp. 639–656.

(32)　同条約の抄訳につき，『国際条約集2023』（有斐閣，2023年）97–104頁。

(33)　*ICJ Reports 1997*, p. 72.

(34)　ICJは1973年の英国アイスランド漁業管轄権事件管轄権判決において，第52条が慣習国際法となっていることにほとんど疑いがないとした。*ICJ Reports* 1973, p. 14.

の絶対的無効原因として挙げている。UAE は，本了解覚書が強制の下で署名
されたため違法・無効であるとしばしば主張してきた。果たして本了解覚書が
第51条乃至第52条に該当するか否かについては種々の議論が存在する[35]。もっ
とも，UAE 自身は，他方では本了解覚書を有効で拘束力を有する文書だと主
張したこともある[36]。このような相矛盾する主張を展開する UAE は禁反言に
よって本了解覚書の違法・無効の主張はできなくなるのか，本了解覚書は絶対
的無効であるから禁反言は適用されないのか，という法的論点が存在するもの
の，後者の立場を安易に認めてしまうことは，法的安定性が著しく毀損される
ばかりか恣意的な外交が放置されることになりかねないため問題である。シャ
ルジャに対するイランの本了解覚書への働きかけが強制とまでいえる程度のも
のか否かは事実認定とその評価の問題であって速断はできないが，シャルジャ
が英国からの強い勧奨に基づいて本了解覚書に署名したことは事実であるため，
この点も法的評価に際して勘案する必要があろう。

　次に，本了解覚書の各項目について，以下の点を指摘しておきたい。

　まず前文について。前文は，本合意が領有権の放棄を意味しないという dis-
claimer clause（without prejudice clause）である。類似の先例としては，英米
間でカントン島及びエンデベリー島の共同領有（コンドミニウム）に合意した
1939年の交換公文において「両国の要求に影響を及ぼさない」と規定したこと
が挙げられる[37]。Buderi と Ricart は，この前文ゆえ，イランと UAE のどちら
がアブムーサ島に対する主権を有するかの決定は本了解覚書とは独立した考慮
に基づかなければならない旨を指摘する[38]。しかしながら，本了解覚書の本文
自体及びそれに基づく言動自体も国家実行として領有権の証拠になるかもしれ
ないため，それを排除するほどの強い法的効果がこの前文にあるとは思われな

[35]　Buderi and Ricart, *supra note* 3, pp. 678-798.
[36]　例えば，1992年 9 月30日の国連総会において，UAE 代表 Al-Nauimi は，イランの行
　　動は本了解覚書に反するとした上で，本了解覚書は強制及び武力による威嚇によって押
　　しつけられたものであるから平等と正義を欠いている旨，発言した。UN Doc. A/47/PV.
　　19, pp. 48-49.
[37]　Buderi and Ricart, *supra note* 3, p. 709, note 515. 同島のコンドミニウムにつき，
　　775-776頁。
[38]　Buderi and Ricart, *supra note* 3, p. 711.

い。

　次に第1項及び第2項について。両項においてはアブムーサ島を分割して統治する旨が合意された。コンドミニウムにつき合意したものではないことに留意する必要があろう。第2項にいう「完全な管轄権」が何を指すのか，イランに容認されることは軍隊の駐留に限定される[39]のか，この点は明確ではない。

　次に第3項について。第3項は国連海洋法条約第3条で規定された領海の幅と整合的である（なお，イランも UAE も同条約の締結国ではない）。イランと UAE の支邦であるドバイ（Dubai, UAE の支邦）は1974年8月31日に大陸棚境界確画定協定に署名したが，同協定は未発効である[40]。シャルジャとウンムルカイワイン（Umm al Qaywayn, UAE の支邦となる）は1964年に海底画定の合意を締結し，同協定は発効しているが，アブムーサ島近辺では境界画定がなされていない[41]。1969年にウンムルカイワインは米国の石油会社 Occidental に，シャルジャは Buttes Gas & Oil に，それぞれコンセッションを付与し，英国政府はこれらを認可したが，アブムーサ島周辺でのコンセッションが重複したため，「シャルジャ・Buttes Gas & Oil」と「ウンムルカイワイン・Occidental」との間で紛争となった。英国政府は係争海域での採掘を当面認めないというモラトリアムを課した[42]。さらに，Buttes Gas & Oil が Occidental 側を英国の裁判所に訴えたケース（Buttes Gas & Oil Co.vs. Hammer）において，1981年10月29日に貴族院は，この企業間の紛争につき判断するには，ウンムルカイワインとシャルジャの合意やイランのような他国の利益を含む国際法問題についての判断を要するとして，国家行為理論（act of State doctrine）を採用して英国での裁判にはなじまない（non-justiciable）と判示した[43]。

　次に第4項について。海底石油開発はシャルジャからコンセッションを獲得した Buttes Gas and Oil が行い，コンセッションの支払分はイランとシャル

---

(39)　Buderi and Ricart, *supra note* 3, p. 715.

(40)　Jonathan I. Charncy and Lewis M. Alexander（eds.）, *International Maritime Boundaries*, vol. 2（Maritime Nijhoff Pub., 1996）, pp. 1533-1539.

(41)　Charney and Alezander, *supra note* 40, pp. 1549-1555.

(42)　Buderi and Ricart, *supra note* 3, pp.718-719.

(43)　*International Legal Materials*, vol. 21（1982）, pp. 92-108.

ジャに半分ずつ直接支払うというものである。Buttes Gas and Oil は2009年末にコンセッションを Mubarek Field に譲渡した[44]。「イランにとって受入可能でなければならない（must be acceptable to Iran）協定」という文言の意味は不明確であるが，交渉経緯から，この文言は，「開発契約において一定の自由度を望むが，評議会（Majlis）への付託を要するため Buttes Gas and Oil とは直接のコンタクトが間に合わない」というイラン側の事情に配慮した結果であり，「イランに Buttes Gas and Oil の運営に干渉する権利を付与することにならないか」という Ely の疑念に対して，イラン側はこれを否定した[45]。

次に第5項について。「アブムーサ島の領海」とは同島から12カイリの海域を意味すると解釈すべきである。当該海域での平等な漁業の権利が合意されたにもかかわらず，現実にはアブムーサ島周辺で操業していたイラン，UAE 双方の漁船が相手国によって拿捕された例が存在する[46]。

最後に第6項について。「財政援助協定」は本了解覚書の附属文書であり，イランはシャルジャに1972年4月21日から当初9年間に亘り半年毎に75万ポンドを支払う，但しアブムーサ島及び同島の領海からのシャルジャの石油収入が半年に150万ポンドを超えた場合にはその半年の支払いはしない（半年に75万ポンドは超えたが150万ポンド未満である場合には75万ポンドは超過した分を減額して支払う）という内容のものである[47]。現実に支払われたか，延長されたかといった運用の実態は不明である[48]。

## 6 おわりにかえて

最後に，以下の5点を指摘しておきたい。

第1に，イランは1992年にアブムーサ島全体を占拠し，その後も占拠を続けている。このことは，明らかに本了解覚書（特に第2項 b）に違反する。

---

[44] Buderi and Ricart, *supra note* 3, pp. 720–721.

[45] Buderi and Ricart, *supra note* 3, pp. 721–723.

[46] Buderi and Ricart, *supra note* 3, pp. 724.

[47] Toye (ed.), *supra note* 10, pp. 503–504.

[48] Buderi and Ricart, *supra note* 3, p. 725.

　第2に，UAEはアブムーサ島及び大小トンブ島に関する領土紛争をICJに付託する意向をしばしば示しているが，イランはこれに応じていない。湾岸協力機構（GCC），欧州連合（EU），米国もICJへの付託を求めるUAEの立場を支持している[49]。もしICJや国家間仲裁で裁判となった場合には，アブムーサ島及び大小トンブ島に対する主権の表示[50]乃至実効的支配につき，イランとUAEのどちらが優位するかを証拠を持って立証できるかが勝敗を分けることになろう。

　第3に，本了解覚書は，イランの領土的野心に対応するための弥縫策であった。英国は休戦諸国（湾岸諸国）からの円滑な撤退を最優先し，撤退後の領域的秩序の安定については十分な配慮を欠いていた。

　第4に，国連安保理は，少なくともこの領土紛争の解決には全く無力であった。

---

[49]　例えば，①1994年10月4日の国連総会において，サウジアラビアのSaud外相は，「GCC諸国は，繰り返しイランに対して，アブムーサ島及び大小トンブ島の問題を真剣な二国間の交渉を通じて平和的手段により解決するよう求めるUAEの呼びかけに応じるよう促してきた。しかしながらイランはこれまでの所，この呼びかけに応じていない。それゆえ我々はこの問題をICJに付託することを求める」と発言した。UN Doc. A/49/PV. 17, p. 16. ②2000年5月22日のEU–GCC閣僚会合共同声明においては，両者は直接交渉又はICJへの付託による3島の領土紛争の平和的解決を支持するとした。https://ec.europa.eu/commission/presscorner/detai/en/PRES_00_176　③2012年6月27日の米国UAE共同声明においては，オバマ大統領は3島の領土紛争を直接交渉，ICJ付託又は他の適当な国際フォーラムを通じて解決するというUAEのイニシアティブを強く支持するとした。https://obamawhitehouse.archives.gov/the-press-office/2012/06/27/joint-statement-united-states-and-united-arab-emirates

[50]　Murphyは，1998年10月9日のエリトリア・イエメン間での「領土主権・海洋境界画定事件」仲裁判決において示された主権の表示となる国家の行動の基準を次の16項目にまとめている。①島の主権の公の要求，②島に対する活動を規制しようとする立法行為，③島での活動のライセンス，④島周辺での漁船の拿捕，⑤島周辺でのクルーズの許可，⑥島周辺水域に関する指令の公知，⑦島周辺での海難事故に対する捜索救助活動や他の管轄権の行使，⑧島周辺水域での海軍や沿岸警備隊の船舶の維持，⑨島周辺の環境の保護，⑩他国の私人による島周辺での漁業のための水域の利用，⑪島への上陸，⑫島での軍事施設の設置，⑬灯台等の施設の島での建設と維持，⑭島での事件に対する民事・刑事管轄権の行使，⑮島に居住する個人の国籍，⑯他の諸活動。Sean D. Murphy, *International Law relating to Islands*（Brill Nijhoff, 2017）, pp. 127–128.

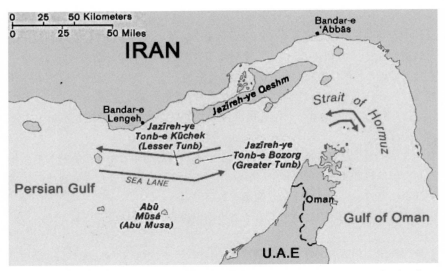

出典：Wikipedia（https://en.wikipedia.org/wiki/Abu_Musa#/media/File：Strait_of_Hormuz.jpg）

　第5に，イランは1979年の革命により王政からイスラム原理主義へと体制が激変したが，領土的野心は変わっていない。この点は国家と領土の関係を考える上で示唆的である。

　[追記] 2023年1月12日に開催された国連安全保障理事会第9241回会合は日本を議長国として「法の支配」をテーマにして議論がなされたが，アブムーサ島をめぐってUAEとイランの間で鞘当てがあったことが注目される。UAE代表は，「UAEは，一貫して，大トンブ島，小トンブ島及びアブムーサ島という3つのUAEの島をめぐるイランとの紛争の平和的解決を求めてきた」と述べた（S/PV.9241，p.13）。これに対してイラン代表は，「UAE国務相により本日なされた発言の中でのペルシャ湾における3つのイランの島についての正当化できない言及及び根拠のない要求に関して，私は，我々が断固として拒絶しているそのような根拠のない要求は，善隣及び他の主権国家の国内問題不干渉の原則を含む国際法の諸原則と両立しないことを指摘したい」と反論した（S/PV.9241（Resumption 1），p.30）。

# *II* 国家間における島の売買と国際法

## 1 はじめに

　国際法上の領域権原の取得の態様の1つとして売買がある[1]。売買による領土の取得としては，1867年に米国がロシアから720万ドルでアラスカを購入した Alaska Purchase が有名である[2]。島の購入の例としては，古くは1266年に英国がノルウェーからヘブリディーズ諸島とマン島を購入した例が知られており，その他，19世紀までの島の売買の例としては，デンマークによるフランスからの Saint Croix 島の購入(1733年)，英国によるジョホールからのシンガポールの購入（1824年），フランスによるスウェーデンからの Saint-Barthelemy 島の購入（1878年），米国によるスペインからのフィリピンの購入（1898年），ドイツによるスペインからのカロリン諸島，パラオ，北マリアナ諸島の購入(1899年)，米国によるスペインからの Calayan Sulu 島（Mapun 島）及び Sibutu 島の購入（1900年）が知られている。

　20世紀に入ってからは，領土の売買自体が極めて少なくなり，①米国によるデンマークからのヴァージン諸島(Virgin Islands，デンマーク領西インド諸島(アンチル諸島))の購入（1917年），②ソ連によるフィンランドからの Janiskoski-Niskakoski 地帯の購入（1947年）[3]，③パキスタンによるオマーンからの Gwadar の購入（1958年）[4]，④西ドイツによるオランダからの Elten, Selfkant, Suder-

---

(1)　領土の売買のリストは，List of purchases of territory by a sovereign nation from another sovereign nation, https://en.wikipedia.org/wiki/List_of_territory_purchased _by_a_sovereign_nation_from_another_sovereign_nation 参照

(2)　アラスカ購入は，戦略的に重要かつ広大な領域を破格の安値で取得できたこと（アラスカの面積は171万7,856平方キロメートルゆえ，1平方キロメートル当たり約4ドルであった）から，史上最も賢明な買い物だったといえるが，当時は，Seward 国務長官は Seward's Folly, Seward's Icebox として揶揄され，またアラスカは Jackson 大統領の Polar Bear Garden だとして批判された。

wick の購入（1963年）[5]にとどまると思われる。①を除いては島の売買ではない。

　もっとも，①以外にも，島の購入や売却の提案は20世紀以降も一定数あったと考えられる。島の購入の提案の最近の例として，2019年にトランプ米国大統領が「グリーンランドを購入したい」と発言したことが挙げられる。この発言は一見唐突に思われるが，米国は古くは1867年及び1910年にグリーンランド（面積217万5600平方キロメートル）の所有に関心を示したことがあり，1946年12月14日のニューヨークでの米丁外相会談では James Byrnes 米国務長官が Gustav Rasmussen デンマーク外相に１億ドルでの購入を提案した[6]。日本も関連した島の売買の提案の例としては，チリが1930年代後半に米国，日本，英国，ドイツに対して，イースター島の売却を提案したことがある。

　本章では，2において米国によるデンマークからのヴァージン諸島の購入について，3においてチリによるイースター島の売買の提案について見た上で，4において国際法の観点から若干の検討を加えたい。

---

(3)　ラップランドの Janiskoski-Niskakoski 地帯（176平方キロメートル）は元々はロシアが要求した領土には入っていなかったが，Janiskoski については水力発電所のため，Niskakoski については貯水池のため，フィンランドが７億フィンランドマルクでソ連に売却した。https://en.wikipedia.org/wiki/J%C3%A4niskoski-Niskakoski_territory

(4)　パキスタン南西の港湾都市である Gwadar（265平方キロメートル）は1779年以来オマーン領であったが，1958年にパキスタンが購入した（また都市と付近の後背地が交換された）。購入額は55億パキスタンルピー（約300万ドル）であり，代金の大半はイスマイル派の教祖であり大富豪の Aga Khan ４世（パキスタン建国に尽力した Aga Khan ３世の孫であり後継者）が支払ったとされる。https://en.wikipedia.org/wiki/Gwadar；Daily Times, Who do We Thank for Gwadar?（23 May 2018），https://dailytimes.com.pk/243413/who-do-we-thank-for-gwadar/

(5)　第二次大戦後においてオランダが被った損害の賠償としてドイツの領域の一部をオランダが取得することが1949年に認められた。西ドイツは1957年から返還の交渉を行い，1960年４月８日の解決条約（*United Nations Treaty Series*, vol. 508, p. 14以下に収録）に基づき，オランダに２億8,000万マルクの支払と引換に1963年に Elten, Selfkant, Suderwick（面積69平方キロメートル）の返還を受けた。https://en.wikipedia.org/wiki/Dutch_annexation_of_German_territory_after_the_Second_World_War#Return

(6)　https://en.wikipedia.org/wiki/Proposals_for_the_United-_States_to_purchase_Greenland；https://apnews.com/article/9d4a8021c3650800fdf6dd5903f68972

## 2　米国によるデンマークからのヴァージン諸島の購入

　デンマーク領西インド諸島（面積400平方キロメートル）の割譲（Cession of the Danish West Indies）に関する米国・デンマーク間の条約[7]は1916年8月4日にニューヨークで署名され，1917年1月17日にワシントンで批准書が交換されて発効した。全12条からなるが，本章との関連で最も重要な規定は第1条及び第5条である。第1条は次のように規定する。「デンマーク国王は，本条約によって，Saint Thomas島，Saint John島，Saint Croix島並びに附属する島嶼及び岩礁を含む西インド諸島におけるデンマークによって所有，主張又は要求されたすべての領土，ドミニオン及び主権を米国に割譲する。この割譲は，現在デンマークに属するすべての公共の，政府の又は王室の土地，公共の建物，埠頭，港湾，要塞，兵舎，公債，権利，フランチャイズ，特権，あらゆる種類の他の公共の財産及びそれらの付属設備を含む。この割譲には，割譲に関する又は割譲される諸島の住民の権利及び財産に関するあらゆる政府の公文書，記録，書類であって割譲される諸島内又はデンマークに存在するものも含まれる（以下略）。」第5条は次のように規定する。「本条約によってなされる割譲を十分に考慮して，米国は，本条約の批准書の交換日から90日以内にワシントン市において，デンマーク王国の正当な権限を有する外交代表又は他の代理に，米国金貨で2,500万ドルを支払うことに合意する。」他の条項についても簡単に見ると，第2条は，この割譲は私権には影響しない旨，規定する。第3条は，武器や動産はデンマークの財産のままであることやデンマークから米国が獲得するコンセッション等について規定する。第4条は，米国による金銭支払の直後に領土及び財産の引き渡しがなされる旨を規定する。第6条は，諸島内に居住するデンマーク市民の権利について定め，現行法が変更の場合でも現在よりも不利な立場にならないこと，1年以内に宣言することでデンマークの市民権を保持できるが，宣言しない場合にはそれを放棄して米国の市民権を受諾したとみなされること，等を規定する。第7条は，諸島内に居住するデンマークの臣民は諸島の裁判所の民事及び刑事裁判権に服する旨，規定する。第8条は，裁判

---

(7)　39 Stat. 1706

手続について規定する。第9条は，諸島内のデンマーク人が取得した著作権や特許は尊重される旨，規定する。第10条は，両国間で存在する条約は，別段の規定がない限り，諸島に適用される旨，規定する。第11条は，本条約の解釈又は適用をめぐり相違が外交交渉で解決できない場合には常設仲裁裁判所の仲裁に付託される旨，規定する。第12条は，最終条項であり，批准書の交換や正文（英語とデンマーク語）等につき規定する。

　ヴァージン諸島購入の経緯につき，米国国務省のホームページでは次のように記載している。同諸島は1733年にデンマークがフランスから購入したが，1830年代以降，経済不況に見舞われ，デンマークにとって統治のコストが益々高くなっていった。1867年に Seward 国務長官は同諸島の取得を試みた。売買条約（住民投票の条項や島民に米国の市民権を付与する条項がある）をとりまとめ，デンマーク議会の承認は得られたが，米国上院は Johnson 大統領の弾劾裁判の期間中に Seward が同大統領を支持したことに反対して，批准を拒否した。Hay 国務長官が1900年にデンマークと交渉してまとめた条約（住民投票の条項も島民に米国の市民権を付与する条項もない）は，米国上院が1902年に批准したが，デンマーク議会は批准しなかった。第一次大戦期に Wilson 大統領と Lansing 国務長官はドイツがデンマークを併合して同諸島を海軍・潜水艦基地として確保し，そこから攻撃を加えることを恐れた。1915年10月に Lansing はデンマークの米国公使 Brun に同諸島の売却を打診したが，Brun は拒否した。米国の市民権の悪い状況から，同諸島の黒人住民に悲惨な結果をもたらすことを懸念して，多くのデンマーク人は米国による同諸島の取得に抵抗し，それゆえ，デンマークは，同諸島の移転条約には住民投票，島民の米国市民権及び自由貿易の条項を入れることを要求した。Lansing はこれらの条項に反対したばかりか，もしデンマークが同諸島を売却しなければドイツによる接収を防ぐため同諸島を占拠するかもしれないとした。1916年8月4日に Brun と Lansing は条約に署名した。条約は同月14日にデンマーク下院で承認され，その後デンマーク上院でも承認された。同年12月14日に条約はデンマークの国民投票（同諸島の住民投票ではない）によって承認された。移転はデンマーク両院によって再承認され，国王 Christian X世によって批准された。米国上院は条約9月6日に承認し，Wilson 大統領が1917年1月16日に署名した。同諸島の正式な移転は1917

年3月31日に金貨2,500万ドルの支払と引換になされた。島民には当初，米国の市民権は付与されなかった。1932年には同諸島で出生したすべての居住者に完全な市民権が付与され，1936年法によりより広範な自治が付与された。1970年には選挙された総督を有するに至った[8]。

## 3　チリによる日本，米国，英国，ドイツへのイースター島の売却提案

　チリは財政難に対応し，また海軍力を増強して隣国アルゼンチンの脅威に備えるため，1937年から日本，米国，英国，ドイツ等にイースター島（Easter Island, Isla de Pasqua, Rapa Nui, 面積163.6平方キロメートル）の売却を本格的に提案した。以下，日本，米国，英国，ドイツへの売却の提案について概観する。
　まず，日本への売却の提案について。外交史料[9]によると次の電文が三宅哲一郎チリ公使から廣田弘毅外相に送付されている。なお，当時のチリ大統領はArturo Alessandri Palma であった。
　①　第33号（極秘）（1937年6月9日発信，10日着信）
「8日海軍次官ノ求ニ依原［大使館員名］往訪セル處次官ハ財政難ノ為政府ハ「パスクワ」島及「サラ・イ・ゴメス」島ヲ日本，英国，米国，独逸ノ何レカ

---

(8)　Purchase of the United States Virgin Islands, 1917, https://2001-2009.state.gov/r/pa/ho/time/wwi/107293.htm#:~:text=The%20U.S.%20Senate%20ratified%20the,of%20%2425%2C000%2C000%20in%20gold%20coin. 同諸島の購入についての詳細は，Charles Callan Tansill, *The Purchase of the Danish West Indies* (Johns Hopkins Press, 1932) 参照。

(9)　外務省記録「各国ノ領土譲渡租借及同風説関係雑件 15. チリ島嶼（太平洋所在）売却問題（「パスクァ」島）」（分類番号　A.4.1.0.1）。アジア歴史史料センターのホームページ https://www.jacar.go.jp から入手可能である。外務省のホームページには，本問題につき簡単にまとめた文章が掲載されている。「外交史料 Q&A　昭和戦前期」https://www.mofa.go.jp/mofaj/annai/honsho/shiryo/qa/senzen_01.html　本問題につきより詳しくは，松永秀夫「イースター島の日本への譲渡問題」『太平洋学会誌』49号（1991年）31-33頁；松永秀夫「イースター島への日本へ譲渡申し入れは確かにあった」『太平洋学会誌』61号（1994年）17-20頁；Grant McCall, Japan, Rapanui and Chile's Uncertain Sovereignty, *Rapa Nui Journal*, vol. 9 no. 1 (1995), pp. 1-7 参照。

ニ對シ賣却シ度キ内意ヲ有シ大統領及國防大臣ノ命二依リ特ニ御尋スル次第ナルカ日本ハ右買収ノ意アリヤ否ヤ貴国政府ニ傳達ノ上至急何分ノ回答ヲ得度シト申述ヘ且右ハ日本以外ノ國ハ未タ申入レ居ラサル旨附言セリ尚原ノ質問二對シ賣却ノ條件ニ付未タ大統領ヨリ何等命令ヲ受ケ居ラス先ツ日本政府ノ内意ヲ希望［以下，判読不能）］

② 第36号（極秘，館長符號扱）（1937年6月19日発信，20日着信）

1．「去ル十日國防大臣ニ面會委細聽取ノ處其ノ説明ニ依レハ海軍側ニテ巡洋艦其ノ他要求軍艦建造希望ニ鑑ミ特別財源ヲ必要トシ智利トシテ別段必要ヲ感セサル該島嶼ノ賣却方ヲ提議シ居ルモノニシテ政府トシテハ先ツ日本ノ他ノ國ニ於テ右ニ「インテレスト」ヲ有スルヤ否ヤヲ承知シ度キ次第ニテ従テ其ノ賣却値段ニ付テハ何等決定シ居ラス尚該当島嶼ニ関スル必要ナル資料ハ海軍次官ノ手ヨリ差上クルコト致スヘシ云々爾来引續キ原ヲ次官ノ許ニ差遣シ資料ヲ入手セシメ其ノ他種々ナル文献ニ付島嶼ノ価値ヲ取調ヘ居タル次第ナルカ十八日原カ次官ニ面會ノ際米國海軍武官ト出會ヒタル趣ヲ以テ質問シ處次官ハ本件ニ付實ハ米國及英國ニモ同様申入レタルカ米国ニハ多大ノ興味ヲ有スル旨答ヘタリト語レリ。」

2．「更ニ値段ニ付テハ若シ日本モ同様ノ（脱）之ヲ申上クヘシト述ヘタル由ナリシニ付今十九日本使再ヒ同大臣ヲ訪問，日本政府ハ必要ナル筋ト協議ノ必要上島嶼ノ価値ニ付取調方本使ニ對シ訓令アリ然ニ今日迄本使ノ有スル資料ハ充分之ヲ判定スルニ不充分ナルニ付智利政府側ノ賣却希望値段ヲ承知シ度キ旨申入レタル處同大臣ハ右ハ「インテレスト」ヲ有スル國ノ「インテレスト」如何ニ依リ決セラルヘキモノニシテ値段ニ關スル當國政府ノ意嚮ハ未タ決定シ居ラスト答ヘタルモ本使ヨリ重ネテ日本政府ニ於テモ智利側ノ意嚮ヲ承知セサレハ必要ナル協議ヲ遂クル上ニ困難アルヘキヲ以テ成ルヘク速ニ大統領初メ關係筋ト協議願ヒ度キ旨述ヘタル處」

3．「同大臣ハ然ラハ早速大統領及外務大臣トモ協議ノ上回答スヘシト答ヘタリ次テ本使ヨリ智利政府ハ英米大使ニモ同様申入ヲ為シタル趣ノ處日本カ當方面ニ對シ何等特殊ノ野心ヲ有スルコトナク太平洋ノ平和ニ對シ有ラユル努力ヲ拂ヒ居ルモ殊ニ近年英米等ノ諸國ヨリ猜疑的眼ヲ以テ見ラレ居ル關係アリ自然日本カ該島嶼ニ「インテレスト」ヲ有スルカ如キ意味カ之等諸國ニ傳ハルコ

トアラハ折角ノ協議モ水泡ニ歸スル危険アルヘキニ付如才ナキコト乍ラ御注意願度キ旨附言セル處大臣ハ之ヲ諒トセリ　次ニ島嶼ニ關スル資料ハ飛行便ニテ本日郵送セル處大要左ノ通リ」

4．「(一)「イスラ・デ・パスクワ」大陸ヨリ最短距離二千三十哩，面積約一萬五千七百「ヘクタール」，熱帯海洋気候，玉蜀黍其ノ他熱帯植物ノ栽培ニ適ス，一九三六年一月ヨリ二十箇年ニ亘リ英国資本系ノ智利會社「ウイリアムソン・バルフオア」ナル有力貿易會社ニ對シ約一萬三千五百「ヘクタール」ノ租借權ヲ興フ，租借料年額約七萬「ペソ」，別ニ税金年額九千「ペソ」，現在會社ノ施設費六千磅，一九三八年末迄ニ改良費トシテ二十三萬二千「ペソ」ヲ下ラサル軽度ノ支出義務ヲ有ス契約期限満了後無償ニテ一切ノ施設ヲ政府ニ交付ス現在會社ハ羊ヲ飼養ス羊毛ハ品質至テ優良，土民人口約四百，薪水其ノ他船舶ノ碇泊（不明）「ラヂオ」の設（備）アリ　　(二)「イスラ・デ・サラ・イ・ゴメス」経済的ニハ現在別段重要性ハナシ（了）」

③　第38号（極秘，館長符號扱）（1937年7月1日発信，2日着信）

1．「三十日大統領ニ面會御親書ヲ手交セリ大統領ハ陸下ノ御懇篤ナル御答翰ニ對シ深キ感謝ノ意ヲ表スルト共ニ御親書ハ記念トシテ長ク保存スヘキ旨述ヘラレタリ尚此ノ機會ヲ利用シ大統領ニ對シ往電第三六號國防大臣トノ會話ノ次第ヲ述ヘテ既ニ關係各官トノ間ニ協議カ遂ヘラレタリヤト尋ネタル處大統領ハ本件ハ獨リ經濟的價値ノミナラス軍略的價値モ考慮セラルヘキモノニシテ且米國モ該島嶼ニ多大ノ興味ヲ有シ居ル次第ニ付日本側ヨリ其ノ希望價格ヲ申出テラレ度ク當方トシテハ法規上結局議會ノ承認ヲ求ムル必要モアリ事情仲々「デリケート」ニテ旁日本側ノ提案ヲ俟ツテ諾否ノ意思ヲ表示シ度シト述ヘ種々押問答シタルモ要領ヲ得ルニ至ラス」

2．「惟フニ智利側ハ日，米ヲ兩天秤ニ懸ケテヨリ好キ結果ヲ得ント試ミ居ルモノノ如ク米國ニ付テハ其ノ内先方ヨリ價格ノ提案アルヘキ旨大統領ハ述ヘ居タルモ米國ハ果シテ該島嶼ニ對シ實際領土的興味ヲ有シ居ルヤ疑ハシク又英國ハ同國系會社カ同島ニ「コンセツシヨン」ヲ有スル關係ヨリ此ノ際何等積極的態度ヲ示スモノトハ想像セラレス兎ニ角智利側カ英，米ニモ同様申入ヲ為シタルコトハ却テ事態ヲ困難ナラシムルモノナルヲ以テ本使ヨリ大統領ニ對シ米國カ右ニ興味ヲ有スル趣ハ日本側ヲシテ非常ニ「デリケート」ノ立場ニ置カシ

ムル惧アル旨一言諷刺シ置ケリ本件の推斷右ノ通リニテ従テ我方カ此ノ際餘リ進テ先方ノ回答ヲ求メントスルハ却テ如何カト存セラルヲ以テ暫ク鳴リヲ鎮メテ先方ノ出方ヲ待ツ方然ルヘキヤニ存スル處何等御意見ノ次第アラハ御訓電相成度シ」

　三宅公使から送られた電文及び資料は海軍と日本水産(株)等の関係企業にも送付された。1937年7月27日付の吉澤清次郎亞米利加局長名での「パスクワ島」問題と題する極秘文書では，海軍の意見を次のようにとりまとめて，次のように具申している。「智利國政府ハ財政上ノ都合ニ依リ南太平洋上ノ「パスクワ」島及「サラ，イ，ゴメス」島ヲ賣却シタキ希望ニテ在智利帝國公使ニ此ノ旨ヲ通シ來タレルニ付（註，英米ニモ同樣申込メル由）吉澤亞米利加局長ハ海軍省豊田［副武］軍務局長ニ對シ海軍ノ意嚮ヲ求メタル處七月二十六日軍令部小川［貫爾］大佐同局長ヲ來訪シ海軍トシテノ意見左ノ通リ申述ヘタリ

一，軍事上ヨリハ左程ノ價値ヲ認メサルモ無キヨリ有スルヲ可トス

二，航空機發達シ將來ノ交通空路ヲ主トスル時代トモナラハ同島ヲ領有シ置クコト極メテ有益ナルモ現在ニ於テハ航空路用地トシテノ價値少ナシ

三，産業的見地ヨリ見ルニ港灣ノ状況漁業根據地ニ適スルヲ以テ農林省及び當業者ノ意向ヲ訊ス必要アルヘシ

四，外交關係ヨリ見ルニ日本ノ領有ニ對シ米國反對スヘキハ明カナルヲ以テ之ヲ軍事上ノ目的ニ使用スルコトヲ目的トスル場合ト雖モ之ヲ表面ニ出サズ漁業の使用スルコトトスルヲ可トス

而シテ漁業ノ為メ當業者ニ於テ買收ノ意見アルニ於テ價額ニツキ相當ノ犠牲ヲ考慮ノ余地アルヘシ」

　Fischer は，同年8月までに日本が購入を断念した理由は，当時の日本政府にとって不充分な価値しかないと判断したためだと推測する[10]。

　次に，米国への売却の提案について。McCall は，チリが米国にイースター島を売却するという噂がペルーで流れたとの1902年12月12日付の文書がフランス公文書館にあると指摘する[11]。1930年11月17日，在チリ米国海軍アタッシェ

---

(10)　Steven Roger Fischer, *Island at the End of the World : The Turbulent History of Easter Island* (Reaktion Books, 2005), p. 193.

(11)　McCall, *supra note* 9, p. 1.

I. H. Mayfield は，チリ政府がイースター島の売却を希望している，チリの売却希望額は100万ドルである，と米海軍省に報告した[12]。1937年6月8日，後任の海軍アタッシェ A. S. Merrill は，前日にチリ海軍次官から「大統領が2隻の巡洋艦の建造費用を賄うためイースター島の売却又は賃貸を提案することを決定した」旨を聞いた，チリ政府は英国，ドイツ，日本にも同じ提案をしている，イースター島は最も高い購入金額を提示した国に売却され，売却により得られる金銭は購入国での巡洋艦の建造のために用いられる，と米海軍省に報告した[13]。1939年7月，チリ人民戦線政府は米国大使館に対して，南大西洋と南太平洋を結ぶシーレーンを守る手段を米海軍が供与することと引換にイースター島の移転を提案した[14]。

Franklin Roosevelt 米国大統領の意向は，1939年3月25日の同大統領からSumner Welles 国務次官への次のメモランダム[15]に現れている。「①イースター島は，南太平洋を越える商業又は軍用航空機の着陸場としての確固たる可能性がある。②それゆえ同島は，いかなる状況においても非米州国家の手に渡ってはならない。③私は現時点では米国による同島の購入が政治的に賢明か，また議会が多額の費用を認めるかには疑問がある。④貴殿は別の角度から検討をしたか。イースター島はこれまで十分に説明されて来なかった巨大な横臥した石像という前歴史的な人間の遺物を有する点でユニークである。同島ではこれまできちんとした科学的な発掘作業はなされて来なかった。それゆえ同島は常に科学のために保全されることが最も重要である。この観点から同島はガラパゴス島に多少似ている。⑤イースター島とガラパゴス島を汎米の信託統治として結びつけることは可能であろうか。もし合理的な金額に達するのであれば，エクアドルとチリは一定の年数に亘って支払を受け，受託国に主権が付与され，

---

[12] Mario Amóros, *Rapa Nui : Una herida en el océano* (Penguin Random House, 2018), pp. 232–233.

[13] Amóros, *supra note* 12, p. 233.

[14] Amóros, *supra note* 12, p. 234.

[15] *Foreign Relations of the United States Diplomatic Papers, 1939, The American Republics, Volume V*, Document No. 486, https://history.state.gov/historicaldocuments/frus1939v05/d486

受託国は両島を保護し軍事的目的のための使用は禁止する。私はリースという
アイデアには賛成しない。支払はすべての米州の共和国によって，各共和国の
全資産に比例してなされる。勿論，米国が最大の負担国になるであろう。⑥コ
コス島も含まれうる。というのは同島は軍事的価値はないものの，非米州国家
にとっては戦争作戦の一時的基地として軍事的価値を持ちうるからである。」

　次に，英国への売却への提案について。McCall は1902年からの数年後，当
時スコットランドが所有していたチリの企業 Williamson Balfour が英国政府
に対してイースター島を購入するよう提案した[16]。1937年6月7日，英国大使
館はチリ海軍次官が「チリはイースター島を売却する用意がある」旨述べたと
本国に伝えた。この件はロンドンで協議されたが，英海軍は価値が海軍の観点
からは低いため購入しないとした。1937年及び1938年において英米両政府は，
日本もドイツもイタリアもイースター島を購入しないことは好都合だとした[17]。

　最後に，ドイツへの売却の提案について。1937年8月14日のドイツ大使と
Alliende チリ対外関係相の会談では，ドイツ大使がイースター島売却の意図に
ついての噂を確認したいと述べた所，Alliende は2隻の巡洋艦を建造して海上
の防衛を増強する必要があり，イースター島はこの目的にとっては第二次的な
重要性を持つにすぎない，良い価格を提示した国に売却するのが目的であり，
どの国とも交渉するが，念頭においているのは米国又は英国であり，日本では
ない旨，指摘した[18]。

　イースター島はモアイ像が世界的に有名であり，モアイ像のある Rapa Nui
国立公園は1995年に世界遺産に登録された。また，米国が1985年8月2日にチ
リとの間でイースター島の Mataveri 空港をスペース・シャトルの緊急着陸場
として使用する協定[19]を締結した（同年11月6日発効）ことが注目される。

---

(16)　McCall, *supra note* 9, p. 1.

(17)　Amóros, *supra note* 12, pp. 233–234.

(18)　Amóros, *supra note* 12, pp. 234–235（Amóros はハンガリーの Ferenc Fischer によ
　　　る2011年の学会報告を紹介する形で記述している）。

## 4 省 察

以下の 4 点を指摘しておきたい。

第 1 に，現代では領土の売買が極めて稀になった理由としては，主に次の 2 つが考えられる。まず，国家の重要な構成要素である領土を金銭で移転することに抵抗が強まったことが指摘できる。特に民主国家においては購入の場合も売却の場合も議会の承認や住民投票が重要である。さらに有人地域であれば，居住民の意思を事実上無視できない状況になっている[20]。次に，島の有する価値が劇的に増大したことが指摘できる。海洋や空域の軍事的価値の増大とともに島の有する安全保障上の価値も増大し，さらに国連海洋法条約の下で，島を領有することは200カイリの排他的経済水域とほぼその地下に該当する大陸棚に対する主権的権利の保有をも意味することになったのである。1930年代の日本，米国，英国は，イースター島の有する海洋関連価値を過小評価したが，当時の判断としてはやむを得なかったといえよう。

第 2 に，島の売買自体は，自由で真正な国家意志に基づくものであれば，現在国際法上もなお基本的には有効な領域権原取得の一態様である。勿論，条約法に関するウィーン条約（条約法条約）第46条乃至第53条で規定された無効原因[21]に該当するという特殊な場合は別である。ヴァージン諸島購入の際に Lansing 米国務長官はデンマーク側に「売却を拒否したら島を占領する」旨示唆し

---

(19) Agreement between the Government of the United States of America and the Republic of Chile Concerning the Use of Mataveri Airport, Isla de Pascua, as a Space Emergency Landing and Rescue Site, *TIAS* 11248. 同協定を含むシャトル緊急着陸場協定につき，Kazuhiro Nakatani, Bilateral Agreements on Shuttle Contingency Landing Sites-Practical Application of the Basic Concepts and Provisions of the Outer Space Treaty and Other Agreements in Air and Space Law, *Proceedings of the Fortieth Colloquium on the Law of Outer Space*（American Institute of Aeronautics and Astronautics, 1998）, pp. 205–211参照。

(20) 領土移転条約で移転が決定されている場合には居住者の意向を勘案することは国際法上必要でないと断言してよいかは，自決権との関係で大きな問題である。さらに入植者は自決権の行使の主体ではないからその意思を問う必要はないと断言してよいかという問題もある。

た。条約法条約第52条は，武力による威嚇の結果，締結された条約は無効と規定するが，このルール（慣習国際法にもなっている）が確立されたのは第二次大戦後であるため，たとえ上記の発言が武力による威嚇に該当し，それに基づいてデンマークが売買条約を締結せざるを得なかったとしても，1910年代の売買条約に同条及び同条と同内容の慣習国際法が適用される余地はない（なお，遡及的適用は時際法ゆえに無理）と思われる。

　第3に，1867年のアラスカ購入は1平方キロメートルあたり2ドルだったのに対して，1916年のヴァージン諸島購入は1平方キロメートルあたり62,500ドルであった。この2つの価格をどう評価するか（なお，イースター島についてチリは1930年に100万ドルの売却希望価格を提示したとされるが，この金額は1平方キロメートルあたり6,112ドルに該当する。また，グリーンランドについて1946年に米国が1億ドルでの購入を提案したが，この金額は1平方キロメートルあたり46ドルに該当する）。個々の売買価格が高いか安いかは，時代の進展により貨幣価値は大きく変動し，また当該島をめぐる諸状況も異なるため判断は難しい。一般論としては，価格それ自体が売買契約の有効性に影響することはないが，但し極端に安い又は高い金額での売買となった場合には，条約法条約の無効原因に該当するかどうかをチェックすることが求められよう。

　第4に，北方領土問題について，2013年5月4日，小沢一郎議員は，自民党幹事長であった1991年当時，ソ連からの北方領土の買取を検討したことを明らかにした。同議員は，「ゴルバチョフ大統領側近から話があった。大蔵省も『領土が返るならばいい』となった」と述べ，1991年3月にモスクワでゴルバチョフ大統領と2回にわたり会談した際に協議したが実現しなかったとし，「僕は怒ったが，ゴルバチョフは『部下は言ったかもしれないがOKと言う訳にはいかない』と謝るから仕方なく帰った」と語った[22]。将来，ロシアのウクライナ侵略が失敗に終わり，ロシアが国家破産に直面した暁には，北方領土の事実上の売買（経済的救済と引換に北方領土を返還）がなされる可能性は皆無ではない

---

(21)　第46条（条約を締結する権能に関する国内法の規定），第47条（国の同意を表明する権限に対する特別の制限），第48条（錯誤），第49条（詐欺），第50条（国の代表者の買収），第51条（国の代表者に対する強制），第52条（武力による威嚇又は武力の行使による国に対する強制），第53条（一般国際法の強行規範に抵触する条約）である。

かもしれない。

⑳　「小沢氏，北方領土購入を検討　1991年に」日本経済新聞電子版（2013年 5 月 5 日）
https://www.nikkei.com/article/DGXNASFS04014_U3A500C1PE8000/　小沢一郎『闘
いの50年』（岩手日報社，2020年）112-113頁には次のような記述がある。「日本はソ連
に100億ドルか200億ドルの借款をしていた。まずは『それをチャラにしてくれ』という
話で，そのほかに10倍～20倍ぐらいの金を彼らは欲しがっていました」「この話で合意
すると数兆円規模の金が必要になるかもしれないということで，大蔵省の斎藤（次郎）
主計局長に指示をして，この金額だと坪いくらになるなんて計算させてね。『それなら
安い買い物だ』なんて話になったんです。もちろん 4 島全てです。大蔵省も『それぐら
いで済むならいいです。話をつけてください』となって，それでソ連に行ったんです。」

**III** 2002年のペレヒル島「危機」について

## 1 はじめに

　国家にとって島の領有は，いかに小さな島であっても，また無人島であって
も，重大な主権事項であり，このことは21世紀においても，また先進国におい
ても変わらない。

　本章においては，モロッコの Ceuta 近くの海岸から僅か250メートル沖の地
中海内に位置する面積0.15平方キロメートルのペレヒル島（Isla de Perejil,
Perejil Island, Parsley Island, モロッコでは Laila と呼ばれる）の領有をめぐるス
ペイン・モロッコ間の紛争について，国際法の観点から検討する。ペレヒル島
に関しては，2002年7月にモロッコが占拠した所，スペインが反撃して奪還し
たが，米国の仲介で撤退するという「危機」があった。スペインの側からみれば，
この事件は第2次大戦後はじめて西欧の領土が侵攻されたケースであった[1]。

---

(1) Ian Martinez, Spain's "Splendid Little War" with Morocco, *International Lawyer*,
Vol. 37, No. 3 (2003), p. 878. 同事件についての他の文献としては次のものがある。Chris-
tian J. Tams, A Sprig of Parsley That Leaves a Bitter Taste-The Spanish-Moroc-
can Dispute about Perejil/Leila, *German Yearbook of International Law*, Vol 45
(2002), pp. 268–290; Jörg Monar, The CFSP and the Leila/Perejil Island Incident:
The Nemesis of Solidarity and leadership, *European Foreign Affairs Review*, Vol. 7
(2002), pp. 251–255; Alejandro J. Rodriguez Carrión and María Isabel Torres Ca-
zorla, Una Readaptación de los Medios de Arreglo Pacifico de Controversias: El
Caso de Isla Perejil y los Medios Utilizados para la Solución de Este Conflicto, *Re-
vista Española de Derecho Internacional*, vol. 54 (2002), pp. 717–731; Peter Gold, Pars-
ley Island and the Intervention of the United States, *Journal of Transatlantic Stud-
ies*, Vol. 8, No. 2 (2010), pp. 83–104; Jamie Trinidad, An Evaluation of Morocco's
Claims to Spain's Remaining Territories in Africa, *International and Comparative
Law Quarterly*, Vol. 61 (2012), pp. 961–975; Eugenio Garcés Bonet, *Perejil, la Guerra
que no fue* (Lulu com., 2017).

## 2　前　史

　ペレヒル島の前史は次の通りである[2]。1415年にポルトガルは Ceuta を征服した。ペレヒル島は Ceuta の一部として認識されることが多かったが，Ceuta の一部と断言できるほどの明確な証拠は欠いていたと思われる。ポルトガルは1668年 2 月13日のリスボン条約[3]において Ceuta に対するスペインの主権を認めた。スペイン軍がペレヒル島に入ったのは1779年が最初だとされる。ナポレオン戦争期には英国がペレヒル島を1813年まで占領した。1836年には米国がペレヒル島に給炭港の建設の意図をもってスペインに接近したが，英国がスペインにこれを拒絶するよう説得した。1912年11月27日のモロッコに関する仏西条約（マドリード条約）[4]においてモロッコの北部はスペインの保護領となったが，同条約ではペレヒル島への言及はなかった。スペインは1930年代から1960年代までペレヒル島を占領したが，それ以降はペレヒル島は無人島となった。モロッコは1956年 3 月 2 日に独立した。同年 4 月 7 日のスペイン・モロッコ共同宣言[5]においては， 1 項で1912年のマドリード条約は両国の関係をもはや規律し得ないと宣言し， 2 項でスペインはモロッコの独立及び完全な主権を承認し，またモロッコの領土保全を尊重する決定を再確認するとした。モロッコは1975年 1 月27日付の国連脱植民地化特別委員会議長宛の書簡[6]において，Ceuta, Melilla，諸小島（但しペレヒル島自体は明記されていない）を挙げて，植民地独立付与宣言が適用される領域にこれらを含めるよう要求した。同委員会は今日に至るまでこの問題について何ら行動をとっていない。1975年 7 月11日のモロッコの勅令275-311では，ペレヒル島をモロッコの領海の一部として定義したが，スペインからの反応はなかった[7]。1978年のスペイン憲法の経過条項5

---

(2)　Tams, *supra note* 1, pp. 272-274 ; Martinez, *supra note* 1, p. 874. Ceuta の詳細な歴史は，Yves Zurlo, *Ceuta et Mellila: Histoire, représentations et devenir de deux enclaves espagnoles*（L'Hermattan, 2005）参照。

(3)　Clive Parry, *The Consolidated Treaty Series*, vol. 10（1970），p. 436.

(4)　*American Journal of International Law*, vol. 7, no. 2, Supplement（1913），pp. 81-99.

(5)　*United Nations Treaty Series*, vol. 1339, pp. 144-145.

(6)　UN Doc A/AC-109/475

(7)　Tams, *supra note* 1, pp. 281-282.

では「Ceuta 及び Melilla 両市は，各市議会によって決定された場合には，自治コミュニティーを構成し得る」旨が規定された。Ceuta は1995年3月13日の組織法（Ley Orgánica）[8]によって自治領となった。同法の草案段階ではペレヒル島をこの自治領に含めるとしていたが，モロッコが「ペレヒル島はモロッコ領であるため，スペインとの領土紛争の一部ではない」との口上書を発したこともあり，結局，同法ではペレヒル島への言及はなされなかった[9]。

## 3　2002年7月の「危機」

2002年7月11日にモロッコ軍が無人状態であったペレヒル島を突然，占拠した。モロッコ政府はペレヒル島はモロッコ領であり，撤退する意図はない旨を宣言した。同日，スペイン外相 Ana Palacio Vallelersundi はモロッコ外相 Mohamed Benaissa に対して，モロッコの行動は1991年7月4日に署名された両国間の友好善隣協力協定[10]と両立しない旨，及びモロッコ政府に撤退を求める旨の口上書を送った[11]。Benaissa 外相は Palacio 外相への回答（7月15日）において，ペレヒル島への人員配置は，不法移民，麻薬取引その他の違法行為やテロとの闘いの一部であるとし，特に現下の状況においては特別の警戒を要求するのが共通の利益であるとした[12]。7月17日の夜明けにスペイン軍の28名がペレヒル島に上陸し，ペレヒル島にいたモロッコ軍の6名に投降を要求した。6名は抵抗することなく Ceuta に連行された上で，モロッコ側に引き渡された。こうしてモロッコ軍は撤退した。Palacio 外相は，自国の行動は「武力によって解決を強制する試みではなく，以前の状態にペレヒル島を回復する試みであった」と述べた。モロッコはペレヒル島はモロッコの領土の一部であると主

(8) https://www.global-regulation.com/translation/spain/1462785/act-1-1995-of-march-13%252c-statute-of-autonomy-of-ceuta.html

(9) Trinidad, *supra note* 1, p. 964.

(10) *United Nations Treaty Series*, Vol. 1717（Treaty No. 29862），pp. 173–208. 正文はスペイン語とアラビア語である。英語の翻訳は pp. 195–201に掲載されている。

(11) Gold, *supra note* 1, p. 83. EU も7月14日にスペインを支持してモロッコの撤退を求める声明を発した。

(12) Gold, *supra note* 1, p. 91.

張した。スペインは Ceuta 及び Melilla の警備隊を強化した。Benaissa 外相は
スペインの行動は友好善隣協力協定の精神及び文言の重大な違反である，戦争
宣言にも等しいとして非難した[13]。モロッコは国連安保理，アラブ連盟及びイ
スラム協力機構に対しても自国の主張を展開した。Annan 国連事務総長は紛
争のエスカレートを懸念して仲介の用意があるとした[14]。

　現実に仲介を行ったのは Colin Powell 米国務長官であった。Powell 国務長
官は7月20日，Benaissa モロッコ外相及び Palacio スペイン外相に別々に書簡
を送った[15]。その内容は次の通りである。「ここ数日間行ってきた会談の結果
として，モロッコとスペインの間での最近の島の紛争について解決に達したと
の私の理解を伝達することを嬉しく思う。第1に，モロッコ王国及びスペイン
王国の両政府は2002年7月以前に存在していたペレヒル島に関する状況を回復
及び維持することで合意した。このことは，ペレヒル島及びその周辺の空域の
利用は7月以前の活動と両立するという理解の下に，ペレヒル島からの軍隊及
び軍服の有無に関わらず政府官吏の撤退及び不存在，並びに，ペレヒル島から
のすべての前哨，国旗及び他の主権の象徴物の除去及び不存在を含むものであ
る。さらに私は，これらのステップがモロッコ及びスペインによって，この主
題に関する公式のステートマンを含まない24時間のクーリングオフ期間の後，
2002年7月20日午後4時（ワシントンDC，東部夏時間）までに完全に履行され
るものと理解する。原状への復帰後に，両者はラバトにおいて2002年7月22日
に本了解の履行に関して閣僚レベルでの会談を行う。両者はまた二国間関係の
向上のためのステップに関する将来の討論についてアレンジする。加えて，私

---

(13)　Martinez, *supra note* 1, p. 878 ; Gold, *supra note* 1, pp. 92-93 ; & News Agencies,
　　　Morocco Describes the Eviction of Its Troops from Perejil Island by Spain as
　　　Equivalent to a "Declaration of War", islamweb. net（17 July 2002）, https://www.
　　　islamweb.com/en/article/17583/morocco-describes-the-eviction-of-its-troops-from-perijil
　　　-island-by-spain-as-equivalent-to-a-declaration-of-war-

(14)　Gold, *supra note* 1, pp. 93-94.

(15)　Text of Letter from Secretary Powell to Foreign Minister Benaissa of Morocco
　　　on Recent Island Dispute, https://2001-2009.state.gov/r/pa/prs/ps/2002/12030.htm
　　　Text of Letter from Secretary Powell to Foreign Minister Vallelersundi of Spain
　　　on Recent Island Dispute, https://2001-2009.state.gov/r/pa/prs/ps/2002/12032.htm

はモロッコ王国とスペイン王国が次のことで合意していると理解する。①この問題に関する両者の行動は，ペレヒル島の地位に関する両国の立場に影響を与えるものではない，②いかなる見解の相違も平和的手段によってのみ解決される，③両者は両者間の紛争のこの解決を，勝者も敗者もない相互の利益になるものだとして特徴づけるという建設的な公的立場をとる。④両者は本了解を誠実に履行する。私は，モロッコ王国及びスペイン王国の両政府によって到達したこの解決が両国の利益になり，二国間関係を進展させる更なる段階として資するものと信じる。」

この書簡に従う形でスペインはペレヒル島から撤退した。

## 4 省 察

ここでは以下の7点を指摘しておきたい。

第1に，colonial enclave について。Ceuta はモロッコにあるスペインの colonial enclave である。Crawford は，colonial enclave につき，①要求国の飛び地（enclave）に近似し，当該国に民族的及び経済的に寄生又は由来し，別個の領域的単位を構成し得ない小領域と定義される，②国連総会の多数派の見解では，colonial enclave は自決ルールの例外を構成し，唯一のオプションは行政当局が囲っている国家に飛び地を移転することである，③飛び地の住民の願望は重要なものとはみなされない，旨を指摘する[16]。ペレヒル島が Ceuta の一部であると立証できれば，現行法（lex lata）の解釈としてはペレヒル島はスペイン領ということになろうが，2で指摘したように，ペレヒル島を Ceuta の一部とする決定的な証拠は欠いていると思われる。1912年のマドリード条約にペレヒル島の言及がないこと，ペレヒル島をモロッコ領とした1975年のモロッコの勅令にスペインが抗議しなかったこと，1995年の Ceuta 自治法にペレヒル島の言及がなかったことは，スペインにとって不利な証拠価値を有するものである。スペインが言及しなかった理由は不明だが，言及することで Ceuta

---

[16] James Crawford, *The Creation of States in International Law* (2nd edition, Oxford University Press, 2006), pp. 348, 637, 647 ; Trindad, *supra note* 1, pp. 966–967.

の法的地位の問題全体に波及することを恐れたのではないかと思われる。さらに，以下に見る「近接性」及び「ペレヒル島とCeutaの微妙な位置関係」が，ペレヒル島をCeutaの一部と断言することを躊躇させる要因となった。結局，ペレヒル島がスペインに帰属するかモロッコに帰属するかは不明確と言わざるを得ない。

　第2に，近接性（proximity）について。1998年10月9日のエリトリア・イエメン仲裁裁定（第1段階）のパラグラフ477においては，「安全及び便宜の考慮に基づいて，特定の海岸の沖にある島は，それに反する明確に確立された権原がない限りは，最も近くの沿岸国の沿岸当局の管轄に服するとの感覚があり，これはportico doctrineと呼ばれた」と指摘する。さらにパラグラフ480においては，エリトリアの近接性の地理的主張は説得的であって「海岸の沖にある島は，別の優位する権原が確立されない限り，沿岸国に属する」という一般の見解に合致したものであり，イエメンはこれに優位する主張を立証できなかったと判示する[17]。近接性一般はそれ自体としては沿岸国の領域主権を推定させる力を有するものではないが，ペレヒル島のように陸のごく近くの島の場合には沿岸国に非常に有利な証拠価値を付与する根拠となろう。

　第3に，ペレヒル島とCeutaの微妙な位置関係について。もしCeutaの海岸のすぐ沖にペレヒル島が存在するのであれば，近接性はモロッコによってではなく，スペインによって援用した方が妥当ということになろうが，後掲の地図から明らかなように，ペレヒル島は正確にはCeutaの沖に位置するのではない。ペレヒル島から最も近い北アフリカの海岸はモロッコ領の海岸であってCeutaの海岸ではない。それゆえ，モロッコによる近接性の援用は合理性がある（他方，もしスペインが近接性の援用をしようとしても困難である）。

　第4に，スペイン・モロッコ間の友好善隣協力協定（ラバト協定）について。同協定では，第1章（二国間の政治的関係，1条），第2章（協力の関係，2条〜13条）の前に，「一般原則」として次の8項目が挙げられている。①国際法の尊重，②主権平等，③国内問題不干渉，④武力による威嚇又は武力の行使に訴

---

(17)　*International Law Reports*, vol. 114, pp. 125-125 ; *The Eritrea-Yemen Arbitration Awards 1998 and 1999*（TMC Asser Press, 2005）, pp. 146-147.

えないこと，⑤紛争の平和的解決，⑥開発協力，⑦人権及び基本的自由の尊重，⑧諸文化及び諸文明の間の対話及び理解，である。7月17日にモロッコ外相はスペインの行動は同協定違反だと述べ，同日，モロッコ王室のスポークスマンは，特に同条約の基本原則の③④⑤に違反すると述べた[18]。③④⑤の内容は次の通りである。③「締約国は，相手締約国の国内管轄に服する国内・対外事項に，直接又は間接に，また個別に又は集団で，干渉することを控えなければならない。それゆえ締約国は，相手締約国の主権に固有の権利の行使を自国の利益に従わせ，それによりいかなる種類の利得を獲得することを意図した軍事的，政治的，経済的又は他の強制を控えなければならない」。④「両締約国は，その相互の関係において，相手締約国の領土保全又は政治的独立に反する武力による威嚇又は武力の行使に訴えること，及び，国連の目的と両立しないいかなる他の行動に訴えることも控えなければならない。武力への訴えを正当化するのに資するいかなる考慮も援用されてはならない。それゆえ両締約国は武力による威嚇又は直接若しくは間接の武力の行使を構成するようないかなる行為も慎まなければならない」。⑤「本条約の締結に至った動機と両立する精神において，締約国は国際の平和，安全及び正義が危うくされないように，発生しうるいかなる紛争も平和的手段によって解決しなければならない。締約国は，公正な結果を達成するため，可能な限り迅速な方法で国際法に合致した解決に到達するため，信義及び協力の精神に従って努力する」[19]。

　第5に，仲介について。米国の仲介が首尾よく行った理由としては，①米国は両国と親しい関係にあったこと（スペインは西欧の一国であることから明らかであるが，モロッコは米国が1776年に独立した際に最初に米国を国家承認したのがモロッコであったこと，最初に米国が在外不動産を有したのはモロッコのスルタンから1821年に贈与されたタンジールの領事館であったことから歴史的に深い関係にある），②ペレヒル島の領有権問題は象徴的な問題であり，国家の死活的利益が関わる最重要の問題ではなかったこと，③それゆえ両国とも米国との関係を悪化させたくなかったこと，が考えられる。島の領有権をめぐる紛争の仲介の

(18)　Rodriguez Carrion and Torres Cazorla, *supra note* 1, pp. 724–725.

(19)　*United Nations Treaty Series*, vol. 1717, pp. 196–197. 英訳では各箇所に法的拘束力のある規定であることを示唆する shall という助動詞が使われている。

例としては，ビーグル海峡紛争[20]につきバチカンが仲介したのが有名である。最近では，アラビア半島の南約380キロメートルのインド洋上にあるイエメン領であって世界遺産として有名なソコトラ島（Socotra Island，面積3,796平方キロメートル，人口約6万人）に対してアラブ首長国連邦（UAE）が2018年4月に侵攻したが，サウジアラビアの仲介もあって同年5月に撤退した例が注目される。この事実だけをみるとUAEの侵攻は単なる国際法違反に思われるが，イエメンのHadi大統領がソコトラ島をUAEに99年間租借することに合意したとされ[21]，UAEはこの合意に基づいて行動した可能性がある。

　第6にEUの対応について。欧州委員会のスポークスマンは7月12日に「これは明らかに遺憾な事件であり，スペインの領土を侵害する」との声明を発した[22]。もっともこの問題に関するEU諸国の反応は一様ではなかった。EUにおいて主導的な地位を有し，モロッコの旧宗主国でもあり，スペインの隣国でもあるフランスがこの問題に最も強い影響力を発揮できる立場にあったが，フランスは，この危機はスペインとモロッコの間の危機であって，EUが新たな危機を加えるべきではないとして，EUがスペインと連帯する旨のステートメントを発するべきではないとした。フランスはモロッコと争うことが自国にとって経済的・外交的に損失を生じることを懸念したのであった[23]。結果としてEUの共通外交安全保障政策（CFSP）はこの問題に関しては明確性を欠くものとなった[24]。アラブ連盟がスペイン軍のペレヒル島からの撤退と以前の状態への回復を求めたのに対して，EUは外交的解決を求めるにとどまり，スペ

[20]　高井晋「ビーグル海峡事件（アルゼンチン対チリ）」『島嶼研究ジャーナル』10巻2号（2021年）130–137頁参照。

[21]　Ismail Numan Telci and TUBA Ozturk Horoz, Military Bases in the Foreign Policy of the United Arab Emirates, *Insight Turkey*, vol. 20, no. 2 (2018 Spring), p. 149, https://www.jstor.org/stable/26390312 ; Oona Hathaway and Aaron Haviland, View from Socotra Island : Yemen war and Threats to the UN Charter, Just Security (22 May 2018), https://www.justsecurity.org/56585/yemen-war-arm-sales-socotra-island-eroding-norm-territorial-sovereignty/

[22]　*Europe Daily Bulletin*, No. 8245 (13 July 2002)

[23]　Gold, *supra note* 1, p. 94.

[24]　Monar, *supra note* 1.

インの行動を特に支持しなかった[25]。2002年7月22日に欧州議会議員の Josu
Ortuondo Larrea は，Prodi 欧州委員会委員長が7月13日にスペインとの連帯
を表明し，モロッコ軍の即時撤退を求める宣言を発したことを歓迎するとした
上で，「欧州委員会は，スペイン政府がこのちっぽけな島を占拠するために軍
隊を派遣したことは行き過ぎだとは考えないか。国際司法裁判所においてペレ
ヒル島の主権の問題を解決すべきだと主張することが EU にとって最善だとは
考えないか。スペインが一方で英国に対してジブラルタルの主権を要求しなが
ら，他方でペレヒル島や他のアフリカにおける領域に対するモロッコの要求を
拒否することは矛盾だとは考えないか」という質問を提出した[26]。これに対し
て欧州委員会は，同年10月に「7月の事件は EU 全体の関心事項であったが，
ペレヒル島をめぐる紛争は EU の権限外である領域主権の問題を提起している。
EU 大統領及び欧州委員会による当時のステートメントは状況への懸念と現状
変更に直面した加盟国への連帯を表明したが，ペレヒル島の地位に関する法的
判断を示したものではなかった。両当事国による会談が二国間関係を進展させ
る最善の方策である」という趣旨の回答をし[27]，上記の質問に正面から答える
ことを巧みに回避した。

　第7に，友好善隣協力協定などの友好条約に関しては，一見するとこの種の
条約は法的拘束力のある権利義務関係を規定したものではなく単に道義的責務
を規定したにとどまると誤解されがちだが，法的拘束力を有するものであり[28]，
国際司法裁判所判決（イラン人質事件判決，ニカラグア事件判決）において友好
条約の違反が認定されている[29]。本件においては，ペレヒル島がモロッコ領で
あるならばモロッコの主張するようにスペインの行為はラバト条約に違反する
可能性があるが，逆にスペイン領であるならば奪還は個別的自衛権の行使とし

[25]　& News Agencies, *supra note* 13.
[26]　Parliamentary question-H-0609/2002, https://www.europarl.europa.eu/doceo/document/H-5-2002-0609_EN.html
[27]　https://www.europarl.europa.eu/doceo/document/H-5-2002-0609-ASW_EN.pdf
[28]　同協定の英訳では，各箇所に法的拘束力のあることを示唆する shall という助動詞が使われている。
[29]　この点につき，拙著『ロースクール国際法読本』（信山社，2013年）112–114頁。

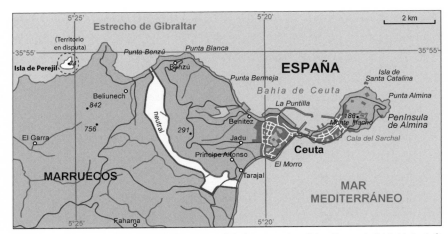

出典：『ウィキペディア日本語版』「ペレヒル島」〈https：//ja.wikipedia.org/wiki/ペレヒル島
　　　#/media/ファイル：Perejil-neutral.png〉

て正当化される可能性があり，その場合には同条約の違反は生じないことにな
る。


## 5　お わ り に

　2002年7月の「危機」以降，ペレヒル島について新たな動きはなく，無人の
状態が続いている。領有権の帰属について，国際裁判，仲介又は調停を求める
といった特段の動きもなく，また，コンドミニウム（共同領有）の提案もなさ
れていない。一方の当事国の行動や第三者機関による決定によって現状の変更
が生じて両当事国間の関係が緊張することを両当事国ともおそれ，このことが
pending な状態を継続させているということもできよう。ペレヒル島が領海や
排他的経済水域にも影響を与えず，それ自体としての経済的価値も有せず，象
徴的価値を有するにとどまることもまた，pending な状態の継続を可能にする
要因になっていると考えられる。

# 南シナ海比中仲裁判断と海洋における法の支配

　2016年7月12日の南シナ海比中仲裁判断は，海洋における法の支配にとって画期的な意義を有するものであった。同仲裁判断では，（2015年10月29日の管轄権・受理可能性の判断とあわせて）積極的に管轄権・受理可能性を是認したうえで本案判断に進み，南シナ海における一連の中国の野心的な言動を国際法上，違法・無効であると判断した。

　同仲裁判断では，第1に，中国が主張する歴史的権利と九段線について，国連海洋法条約と両立しないそのような権利は同条約の発効によって消滅したとし，中国は九段線の内側の水域において資源に対する歴史的な権利を主張する法的根拠がないと判示した。第2に，同条約121条に言う「島」に該当するための基準として，「人々の安定的なコミュニティー」または「外部の経済に依存せず純粋に採取的でない経済活動」を維持できることを挙げ，南沙諸島における高潮時に水面上にある地形はすべて，排他的経済水域（EEZ）または大陸棚を有しない「岩」であって「島」ではないと判示した。第3に，南シナ海での中国の行動を次のように国際法違反であると判示した。①フィリピンによるEEZでの漁業を禁止し，またフィリピンの許可なしにミスチーフ礁での構築物・人工島を建設したことで，フィリピンのEEZおよび大陸棚に関する主権的権利を侵害した。②フィリピン漁民によるスカボロー礁へのアクセスを禁止したことで，フィリピン漁民の伝統的な漁業権を侵害した。③大規模な埋め立ておよび人工島建設により，脆弱な生態系および絶滅危惧種の生息地の保全・保護を義務とする同条約192-194条に違反した。④フィリピン船舶がスカボロー礁に接近するのを阻止しようとしたことで，衝突の重大な危険を創出し，同条約94条および海上衝突予防国際規則条約（COLREG）に違反した。

　同仲裁判断は，法的拘束力を有する（同条約付属書Ⅶ11条）ため，同判断を履行しないと中国は国際法に違反することとなる。人工島建設の即時中止や九段線の撤回をはじめとする行動をとることが中国の国際法上の義務となってい

る。

　一般に仲裁判断の既判力自体は「当該事案限り，当事国間限り」ではあるが，当事国間で仲裁判断の履行に関連して外交交渉するに際しても，判断の大枠を逸脱するものであってはならない。ましてや，海洋の有する普遍的な価値ゆえに，フィリピン・中国以外の諸国（とりわけ日本のような南シナ海の主要な利用国）は純粋な第三者ではまったくなく，直接的な利害関係を有する国家として，仲裁判断の誠実な履行を求める正当な利益を有する。

　2016年10月21日の比中共同声明（40項）では，「両国は，南シナ海における領土・管轄権紛争を，国連憲章及び国連海洋法条約を含む普遍的に承認された原則に合致して，直接に関係する主権国家間での協議・交渉による平和的手段を通じて解決することの重要性を確認する」とした。「直接に関係する主権国家間」という表現には単に第三国だけではなく台湾も排除しようという中国の意図があると思われるが，「国連憲章及び国連海洋法条約を含む普遍的に承認された原則」には当然，本仲裁判断が含まれていることを比中両国は認識しなければならない。「中国はフィリピンの権利と自由を尊重し，国連海洋法条約上の義務に従わなければならない」と仲裁判断の中で確認するようフィリピンは請求したが，仲裁判断では「悪意（bad faith）は推定されない」という国際法の基本原則を想起したうえで，そのような宣言は不要だとした。このような当事国の善意に依拠した仲裁判断がナイーブなものになってしまうか否かは，中国側の行動にかかっている。中国の善意／悪意は国際社会の監視下におかれているのである。

　仲裁判断の履行を強制する制度的仕組みはないため，敗訴国に履行の意思がない場合には仲裁判断の不履行が不可避となってしまう（なお，国際司法裁判所〔ICJ〕判決に関しては，国連憲章94条2項が「安保理が判決執行のために勧告を師，又はとるべき措置を決定できる」旨を規定するが，常任理事国が敗訴国である場合にはおよそ同項の発動は期待できない）。領域関連の仲裁判断不履行の深刻な先例としては，チリとアルゼンチンの間で争われた1977年5月2日のビーグル海峡仲裁判断の不履行が挙げられる。実質的に敗訴したアルゼンチンは仲裁判断を不満として履行しなかった。履行を求めてチリがさらに国際司法裁判所への付託を提案したところ，アルゼンチンは「開戦原因になる」としてこれを拒

否したうえ，1978年12月22日にチリの島への侵攻を開始した。危機に感じたロー
マ教皇パウロ２世が仲介を提案し，翌1979年１月９日に両国は仲介依頼を受諾
した。仲介は長期間に及び，その間にフォークランド紛争もあったが，ようや
く1984年11月29日に両国間で平和友好条約がバチカンにおいて署名され紛争は
解決した。同条約では，仲裁判断とほぼ同内容での合意がなされたが，ここに
至るまで莫大なコストが払われた。中国にはこのような轍を踏まぬよう求めた
い。

　2014年５月30日のアジア安全保障会議（シャングリラ・ダイアローグ）におい
て安倍晋三首相が示した「海洋における法の支配３原則」（国家は，①自国の主
張を国際法に基づいて明確に行わなければならない，②自国の主張を通すために力
や威圧を用いてはならない，③紛争を平和的手段によって解決するよう努力しなけ
ればならない）は，国際法上は当然のことを指摘したものだが，当然のことを
守らず，海洋において「力による現状変更」を進める国家が現存する以上，今
日とりわけ重要な意義を有するものである。「国際社会における法の支配」を
特に強調する必要のある分野がまさに海洋である。もし本仲裁判断の内容が無
視されることになると，他の諸地域における「法の支配」にも悪影響が及ぶこ
とが強く懸念される。

　国際裁判との関係では，「法の支配」に従うとは，端的に言って敗訴したら
国際判決に従うことである。日本は，国際司法裁判所「捕鯨事件」において実
質的に敗訴したが，「国際社会の基礎である国際法秩序及び法の支配を重視す
る国家として，判決に従う」として判決内容を履行した。中国が責任ある国家
として本仲裁判断を履行できるかどうか，ボールは中国側にある。他方，フィ
リピンには，2016年10月26日の日比共同声明（12項）で「南シナ海に関する仲
裁判断に関して，両首脳は，武力による威嚇又は武力の行使に訴えることなく，
国連海洋法条約，国連憲章その他の関連の国際条約に従った海洋紛争の平和的
解決に向け，ルールに基づいたアプローチの重要性を認識した」ことを想起し
て，仲裁判断の実質的内容を骨抜きにしないよう行動することが求められる。
2002年に東南アジア諸国連合（ASEAN）諸国と中国の間で合意された南シナ
海行動宣言（DOC）との関連で言えば，DOC は法的拘束力を有しないものの，
南シナ海における中国の行動は DOC に違反している（例えば，米国軍艦の航行

に異議を唱えることは航行の自由の尊重等を謳った3項に反し，また人工島を建設して居住環境を整えることは無人の島や岩礁等に居住する活動を控えること等を謳った5項に反している）。拘束力を有する南シナ海行動規範（COC）を今後作成するにあたっては，海洋における「法の支配」という観点から本仲裁判断を参考にして，その内容と齟齬しないよう留意することが求められる。

中国による南シナ海での違法な人工島建設の
法的結果

## 1　はじめに

2016年7月12日の南シナ海比中仲裁裁定[1]では，中国によるミスチーフ礁
（Mischief Reef）での人工島建設が国連海洋法条約違反であると認定された。
それでは，その法的結果はどのようなものであろうか。

本章では，国連海洋法条約における人工島の位置づけと比中仲裁裁定の該当
部分を概観した上で，この国際法違反の人工島建設の法的結果及び人工島建設
に関与した中国企業に対する米国による経済制裁の評価について検討する。さ
らに，人工島は領土になりうるのかという問題，及び，公海上での人工島建設
には制限はないのかという問題についても考えてみたい。人工島はこれまでは
基本的にある国家の領海内において建設されてきたが，埋立技術の進展も相
俟って，将来的には排他的経済水域（以下，EEZ と略記）や公海における人工
島建設も増加するものと見込まれる[2]。

## 2　国連海洋法条約における人工島の位置づけ

国連海洋法条約における人工島に関する主要な規定は次の通りである。

EEZ における沿岸国の人工島に関する管轄権につき，①沿岸国は，人工島，
施設及び構築物（以下，人工島等と略記）の設置及び利用に関する管轄権を有
する（56条1項）。②沿岸国は，EEZ において，人工島並びに経済的な目的の

---

(1)　https://pcacases.com/web/sendAttach/2086

(2)　オランダにおいては，EEZ に人工島を建設してスキポール空港を移設するという構
　　想が以前からあり，2018年11月には同空港の CEO が海洋空港を検討すると発言した。
　　海上空港をめぐる法的課題につき，Erk Jaap Molenaar, Airports at Sea, International
　　*Journal of Marine and Costal Law*, vol. 14（1999），pp. 371-386.

ための施設及び構築物を建設し，建設・運用・利用を許可・規制する排他的権利を有する（60条1項a，b）。③沿岸国は，人工島等に対して，通関上・財政上・保健上・安全上・出入国管理上の法令に関する管轄権を含む排他的管轄権を有する（60条2項）。④人工島等の建設については，適当な通報を行わなければならず，また，その存在について注意を喚起するための恒常的な措置を維持しなければならない（60条3項）。⑤沿岸国は，必要な場合には，人工島等の周囲に適当な安全水域を設定することができる（60条4項）。沿岸国は，適用のある国際的基準を考慮して安全水域の幅を決定する（60条5項）。⑥すべての船舶は，安全水域を尊重しなければならず，また人工島等及び安全水域の近傍における航行に関して一般的に受入れられている国際的基準を遵守する（60条6項）。⑦人工島等と安全水域は国際航行に不可欠な航路帯の使用の妨げとなるような場所に設けてはならない（60条7項）。

　EEZ における人工島の法的地位につき，60条8項は次のように規定する。「人工島，施設及び構築物は，島の地位を有しない。これらのものは，それ自体の領海を有せず，また，その存在は，領海，EEZ 又は大陸棚の境界画定に影響を及ぼすものではない。」

　大陸棚における人工島につき，①79条4項は，大陸棚について規定する第6部の「いかなる規定も…沿岸国が管轄権を有する人工島…に対する当該沿岸国の管轄権に影響を及ぼすものでない」と規定する。②80条は，「60条の規定は，大陸棚における人工島，施設及び構築物について準用する」と規定する。

　公海における人工島につき，87条1項は，「公海の自由には…特に次のものが含まれる」として，「d．国際法によって認められる人工島その他の施設を建設する自由。ただし，第6部の規定の適用が妨げられるものではない」と規定する。

　国連海洋法条約には，人工島自体を定義する規定はない。上記の諸規定の大半においては，「人工島，施設及び（又は）構築物」(artificial islands, installations and (or) structures) という規定ぶりとなっている。「施設，構築物」の定義もないが，低潮高地（13条）や礁（6条）といった既存の地形の周囲を埋め立てて建設されたものが人工島，海底と付着していない又は人工的手段により付着した非自然物資による構築物が「施設，構築物」（海洋構築物と呼ばれる）であ

ると一応解せられる[3]が，後述する比中仲裁裁定は，当初は海洋構築物の建設が，建設が進捗することによって人工島の建設に至った旨を指摘しており，建築の進捗度合や建築物の規模もメルクマールになると考えられる。海洋構築物の建設については60条1項bで「56条に規定する目的その他の経済的な目的のための」という限定が付されている（但し，EEZ内で非経済的目的のために海洋構築物が建設された場合に撤去まで求められるかは明らかではない）が，人工島の建設については同項aではそのような目的の限定は付されていない。この点だけをみて形式的に反対解釈をすると，経済的目的とは乖離した目的（例えば軍事的目的）での人工島建設も容認されそうだが，沿岸国によるEEZでの人工島の建設はEEZの制度の目的の範囲内で行われるべきであるから，非経済目的での人工島の建設は沿岸国による権利の濫用として容認されないと解することが，国連海洋法条約の趣旨・目的を踏まえた解釈として妥当であると思われる。但し，そのような建設の法的結果は明らかではない。また，放棄又は利用されなくなった海洋構築物については，除去する旨の規定（60条3項）があるが，人工島についてはそのような規定はない。人工島も海洋構築物も可動性を有しない点で船舶とは異なる[4]。

## 3　南シナ海比中仲裁裁定における中国の人工島建設の法的評価

　中国は，南シナ海のミスチーフ礁，フェアリ・クロス礁（Fiery Cross Reef），スビ礁（Subi Reef）等において人工島を建設したが，フィリピンは訴訟戦略上，ミスチーフ礁での人工島建設に焦点を絞って国際法違反であるとの主張を展開した。仲裁裁定では，中国によるミスチーフ礁での人工島の建設について，国連海洋法条約の上記の関連規定を紹介した上で，次のように同条約60条及び80条に違反する旨，判示した。

---

(3)　Imogen Saunders, Artificial Islands and Territory in International Law, Vanderbilt *Journal of Transnational Law*, vol. 52 (2019), p. 649.

(4)　Alexander Proelss (ed.), *United Nations Convention on the Law of the Sea : A Commentary* (C. H. Beck, 2017), p. 470.

「1035.　これらの条項は自明の理である。組み合わせると，これらの条項は，沿岸国（フィリピン）にミスチーフ礁への60条1項でカバーされる人工島，施設及び構築物の建設及び運用についての排他的な意思決定及び規制権限を付与する。フィリピン（又は他の権限ある国家）のみが，当該人工島，施設及び構築物を建設又は運用することができる。」

「1036.　仲裁廷は，1995年からの中国によるミスチーフ礁への最初の構築物は，60条1項の目的での施設又は構築物を構成すると考える。仲裁廷は，構築物の元来の目的は漁民に避難地を供与するという中国の言葉を信用して，これは経済的目的であると結論する。仲裁廷はまた，中国がフィリピンの漁民による使用の許可をしなかった当初の構築物は，フィリピンによる自国のEEZでの権利の行使を妨げる可能性もあったことに留意する。それゆえ，国連海洋法条約60条に従って，フィリピンのみが当該構築物を建設又は許可することができた。」

「1037.　ミスチーフ礁での中国の活動は，その後，人工島の創造に進展した。中国は元来高潮時に水面下に沈む礁のプラットフォームを恒常的に水面上に出る島に浮き上げさせた。そのような島は60条の目的上，疑いなく「人工的」である。中国がフィリピンの許可を受けるどころか求めることさえせずに建設をすすめたことも明らかである。中国の行動はフィリピンの抗議にもかかわらずなされた。」

「1038.　国連海洋法条約のこれらの条項に鑑みて，仲裁廷は，中国の義務の違反は明白であると考える。」

　さらに，「中国は占有や建設活動を通じてミスチーフ礁を不法に領有しようとした」というフィリピンの申立については，次のように判示した。

「1040.　仲裁廷は，まず，ミスチーフ礁は領有できないことを想起する。既にパラグラフ307乃至309で結論したように，低潮高地は『法的な意味では国家の陸の領域の一部を形成しない』。むしろ水没した陸地を形成し，ミスチーフ礁の場合は，大陸棚の法体制に属する。

　結果として，陸の領域とは区別された低潮高地は領有されえない。仲裁廷が今認定したように，ミスチーフ礁は低潮高地である。それゆえ，占有その他の事由により領有することはできない。」

「1041.　フィリピンのEEZ及び大陸棚の中にある低潮高地として，ミスチーフ礁は，主権的権利がフィリピンに排他的に付与され，フィリピンのみが人工島を建設又は許可できるエリア内に所在する。仲裁廷は既に…ミスチーフ礁での中国の行動はフィリピンによる主権的権利の享有を不法に妨害したと判示した。」

　結論として，次のように判示した。

「1043.　上記の考慮に基づいて，仲裁廷は，中国がフィリピンの許可なしにミスチーフ礁での構築物及び人工島の建設をしたことは，フィリピンのEEZ及び大陸棚における主権的権利に関して国連海洋法条約60条及び80条に違反したと認定する。」

　以上の認定に基づき，仲裁廷は，本案に関する主文14において次のように判示した。

「ミスチーフ礁での中国の人工島，施設及び構築物の建設に関して，
　a.　中国はフィリピンの許可なしにミスチーフ礁において人工島，施設及び構築物の建設に従事したと認定する。
　b.　(i)ミスチーフ礁は低潮高地であるとの仲裁廷の認定，(ii)低潮高地は領有できないとの仲裁廷の宣言，及び(iii)ミスチーフ礁はフィリピンのEEZ及び大陸棚の範囲内にあるとの仲裁廷の宣言を想起する。
　c.　フィリピンのEEZ及び大陸棚における主権的権利に関して，中国は国連海洋法条約60条及び80条に違反したと宣言する。」

　なお，本裁定では，ミスチーフ礁を含むスプラトリー諸島（Spratly Islands）での人工島や海洋構築物の建設が海洋環境に与える影響についても判断をしている。詳細は省略するが，仲裁廷は，本案に関する主文13において，a.　中国の各礁での土地の埋立と人工島，施設及び構築物の建設は，サンゴ礁の生態系

に重大で回復不能な損害を引き起こしたこと，b．中国が当該活動についての海洋環境の保護及び保全に関して南シナ海に面する他の諸国と協力・協調を行わなかったこと，c．中国が，国連海洋法条約206条の意味における当該活動の海洋環境に与える潜在的影響の評価についての交信を行わなかったこと，を認定した上で，中国が国連海洋法条約123条[(5)]，192条[(6)]，194条1項[(7)]，194条5項[(8)]，197条[(9)]，206条[(10)]に違反したと宣言した。

## 4　国際法違反の人工島建設の法的結果

ここでは，中国のミスチーフ礁での人工島建設という国際法違反の法的結果について考察する。一般国際法上，国際法違反は国家責任を生じ，具体的には違法行為を中止するとともに，原状回復や金銭賠償や陳謝・再発防止確約・関係者処罰といった回復（事後救済）の義務を国際法違反国は負うことになる[(11)]。それゆえ，中国はまず人工島の建設を裁定後に直ちに中止する義務を負うとと

---

(5)　（半）閉鎖海に面した国は，相互に協力すべき旨を規定する。（半）閉鎖海における国際協力につき，坂元茂樹「閉鎖海又は半閉鎖海に面する沿岸国の協力義務」『同志社法学』69巻4号（2017年）39-64頁。

(6)　「いずれの国も，海洋環境を保護し及び保全する義務を有する」と規定する。

(7)　いずれの国も海洋環境の汚染を防止・軽減・規制するためにこの条約に適合するすべての必要な措置をとる旨，規定する。

(8)　海洋生物の生息地を保護・保全するために必要な措置をとるべき措置に含める旨，規定する。

(9)　世界的・地域的基礎における協力につき規定する。

(10)　自国の管轄・管理下にある計画中の活動が実質的な海洋環境の汚染又は海洋環境に対する重大・有害な変化をもたらすおそれがあると信ずるに足りる合理的な理由がある場合には，当該活動が海洋環境に及ぼす潜在的な影響を実行可能な限り評価する旨，規定する。

(11)　国連国際法委員会「国家責任条文」では，30条において「国際違法行為に関して責任を負う国は，次の義務を負う。a．その行為が継続している場合には，当該行為を中止すること」，31条1項は「責任を負う国は，国際違法行為により生じた被害に対して十分な回復を行う義務を負う」，34条は「国際違法行為により生じた被害に対する十分な回復は…原状回復，金銭賠償，精神的満足の方式を単独で又は組み合わせて行われる」と規定する。『国際条約集2023』（有斐閣，2023年）111頁。

もに，フィリピンに対して事後救済の義務を負った。中国は本裁定を無視して，南シナ海における人工島の建設を一層進めている。本裁定は法的拘束力を有する（国連海洋法条約296条）ため，裁定の不履行は国際法違反となる。

　難しい問題は，事後救済の内容である。違法な人工島建設については，原状回復まで求められるのであろうか。これが海洋構築物であれば，撤去という形での原状回復はありえよう。先に見た国連海洋法条約60条3項では，「放棄され又は利用されなくなった施設又は構築物」につき「航行の安全を確保するために除去する」旨，規定する。ここで基本的に前提とされているのは沿岸国による建設であって，老朽化した海洋構築物を放置したままであると船舶の航行を危険にさらすため除去するのである。その前提としては，海洋構築物の除去は物理的に一応可能というものである（同項の最終文は，「完全に除去されなかった施設又は構築物の水深，位置及び規模については，適当に公表する」と規定し，除去できない場合も想定している）。これに対して人工島の除去は一般には物理的に困難であろう。そのため，事後救済としては，中国が人工島の建設を中止した上で，金銭賠償や陳謝・再発防止確約を行うことが考えられる。金銭賠償については，主権的権利の侵害の損害額の認定は容易ではないが不可能ではないし，中国が天然資源を費消した場合には，その費用も金銭賠償に含まれることになろう。なお，海洋構築物及び人工島の撤去をフィリピンが自発的に行った場合には，中国にその費用を請求することは事務管理（negotiorum gestio）が法的根拠の候補となりうる[12]。

　以上とは別に，人工島建設に伴う海洋環境の悪化に対する中国の責任に関しては，海洋環境の回復措置（又は悪化緩和措置）の実施，海洋環境の悪化に伴う損害の金銭賠償，陳謝・再発防止確約・関係者処罰が事後救済として求められることになる。回復措置や悪化緩和措置をフィリピンが自発的に行った場合にも，中国にその費用を請求することは事務管理が法的根拠の候補となりうる。

　中国は，本仲裁裁定後も人工島の建設を進め，様々な施設を設置して既成事実化を図っているが，国際法上，「違法行為から果実（権利）は生じない」（*ex injuria non oritur jus*）のである。

---

(12)　国際法における事務管理については，別稿において検討する予定である。

## 5　人工島建設に関与した中国企業に対する米国による経済制裁

　米国は，2020年8月26日に中国軍による南シナ海での人工島の建設と軍事化を支援する役割を果たしているとして，24の中国国有企業を entity list に掲載して当該企業への輸出や再輸出については許可を要する（＝事実上禁止する）とした[13]。さらに人工島の建設に責任を有する中国政府や中国企業の幹部に対して査証の発給を制限するとした。

　上記の諸措置のうち，輸出規制自体は国際法違反に対する対抗措置（countermeasures）として一般国際法上容認されうるが，再輸出規制は第三国の企業を巻き込むことになる輸出管理法の域外適用であり，国際法上の合法性に疑義が生じうる[14]。他方，査証の発給制限は，報復（retorsion）として裁量的にとりうる合法な措置である。

　今後の状況次第では，人工島建設に責任を有する政府関係者や企業関係者の金融資産の凍結措置がとられるかもしれない。有責者の資産凍結措置は，国際法違反に対する対抗措置として容認されうる。国際通貨基金（IMF）においては，1952年の理事会決定[15]により，理事会への通報と理事会の反対がないことを容認の条件としているが，これまで理事会が資産凍結に反対した先例はない。

## 6　人工島は領土になりうるか

　人工島は領土になり領有できるのだろうか。「島」は領土であって，領海，EEZ，大陸棚を有するが，「岩」は領土にはなっても領海のみ有し，EEZや大陸棚を有しない（国連海洋法条約121条）。「低潮高地」はそれ自体の領海を有しない（13条2項）ことに加えて，比中仲裁裁定では，既に指摘したように，「国家の陸の領域の一部を形成しない」と判示し，領有できないとした。国際司法裁判所（ICJ）においても，2012年のニカラグア対コロンビアの「領土と海洋

---

[13]　『CISTEC　ジャーナル』2020年9月号116-119頁。
[14]　この点につき，拙稿「米国法と中国法の域外適用の板挟みになる日本企業：対応をめぐって」『国際商事法務』49巻4号（2021年）。
[15]　IMF Executive Board Decision No. 144-（52/51）.

紛争」事件判決において，低潮高地は領有されえない（但し沿岸国は領海に対して主権を有するゆえ，領海内にある低潮高地に対しても主権を有する）と判示した[16]。

　それでは人工島についてはどうであろうか。私人が人工島を建築して領有主張（独立宣言）をしたが，否定された例としては，次のようなものがある[17]。①1968年に2名のイタリア人がイタリアのリミニの沖（領海外約300メートルのアドリア湾上）に人工島を建設してローズ島共和国（Republic of Rose Island）の独立宣言をした。「ジュネーブ公海条約は公海の使用の自由を私人にも付与している」という請求を審理したイタリア国務院は，1969年11月14日に「同条約は，イタリアの国際的な性質の権利及び義務のみを創設するものであって，原告は保護に値するいかなる権利もそこから引き出すことができない」旨，判示した[18]。②1967年に英国東海岸（サフォーク州）の沖7カイリの北海上（英国が領海3カイリをとっていた当時は公海上）に海洋構築物（本人は人工島と主張）を建設した英国人がシーランド公国（Principality of Sealand）の独立宣言をした。「シーランド公国の市民権を取得したからドイツの市民権を喪失したことの確認を求める」との請求を審理したケルン行政裁判所は，1978年3月3日に「シーランド公国は領土を有しないため，国家性の要件を満たさない」旨，判示した[19]。③トンガ及びフィジーの沖にあるミネルヴァ礁（Minerva Reef）に上陸した米国人2名が埋立をして1972年にミネルヴァ共和国（Republic of Minerva）の独立を宣言した。これに対してトンガ及びフィジーがミネルヴァ礁に対する領有権を主張した。

　Saunders 自身も，埋立行為は低潮高地を領土に変身させうるとして，人工島は領土になるとの見解をとるが[20]，EEZ や大陸棚における人工島は EEZ や大陸棚の制度全般と整合的でなければならない以上，領有可能性を是認することはこの整合性を崩すことになりかねない。さらに上記の諸例にも鑑みると，

(16)　*ICJ Reports 2012*, p. 641.
(17)　以下，Saunders, *supra note* 3, pp. 667–674及びそこで引用された文献による。
(18)　*Italian Yearbook of International Law 1975*, pp. 265–268.
(19)　*International Law Reports*, vol. 80（1989），pp. 683–688.
(20)　Saunders, *supra note* 3, pp. 681–684.

人工島に関しては管轄権のみを沿岸国に認める（但し領海内での人工島に関しては沿岸国は領有できるとする）ことが合理的であると思われる。

　もし人工島が領土になるとすると，既に指摘したように人工島はそれ自体の領海を有しない（国連海洋法条約60条8項）が，人工島の領有国はその上空に領空を有するのであろうか。もし領空を有するとすると，87条1項bで規定され，慣習国際法上も確立されている公海上空（EEZ上空を含む）の飛行の自由が毀損されることになってしまう。他方で，領空を有しないとした場合（60条8項において，「人工島はそれ自体の領海及び領空を有しない」とは規定していないため，このような考え方の説得力は弱いが）であっても，領空を有しないという特別なタイプの領土を，国際社会は何らの明示的な合意なしに創設したのだろうか。外交の現実に照らすとき，そのような突飛な考え方が国際社会によって受け入れられたとは到底考えられない。以上より，領海外の人工島は領有の対象となりえないと解すべきである。


## 7　公海上での人工島建設は無制限か

　国連海洋法条約87条1項dは，すべての国家による公海上での人工島の建設の自由を「公海の自由」の一態様として認めている。もっとも，この自由は無制約ではない。同条2項では，公海の自由は他国の利益に妥当な考慮を払って公使されなければならない旨，規定する。それゆえ，他国の利益に妥当な考慮を払わない形での公海上での人工島建設は，容認されない。具体的には，他の「公海の自由」である航行の自由（同項a），上空飛行の自由（同項b），海底電線・海底パイプライン敷設の自由（同項c），漁獲の自由（同項e），科学的調査の自由（同項f）について妥当な考慮を払わずに行われる人工島建設がこれに該当すると考えられる。また，他国の人工島や海洋構築物の建設に妥当な考慮を払わずに人工島建設を行うことも，これに該当すると考えられる。

　埋立技術の進展により，将来的には公海上での人工島が可能となるかもしれない（中国は南シナ海の人工島建設の経験により，世界で最も高い人工島建設技術を獲得していると思われる）。その際に懸念されるのは，利用価値の高い公海上に先を争って人工島を建設する（例．赤道（特にシンガポール）近くの公海上に

人工島を建設して宇宙エレベーターの基地（出発地点）を設置する），地政学的野心のある国が対立国の EEZ に隣接した公海上に人工島を建設する，といったことである。このような動向をいかに予防するか，国際社会の賢明な対応が求められよう。

# **VI** 世界唯一の「交代式」コンドミニウム としての会議島

## 1 はじめに

　河川の中にある島（中州，川中島）[1]であっても深刻な領土紛争になることがあることは，中ソ国境にあるウスリー川にあるダマンスキー島（珍宝島，0.74 km²）の領有をめぐって1969年3月2日に中ソが軍事衝突をした事件からも明らかである[2]（結局，同島は1991年5月16日の両国間の国境条約において中国領となった）。現在でも，ウルグアイ川にある Brazilian Island につきブラジル及びウルグアイが，マモレ川にある Ilha de Guajara-Mirim (Isla Suarez) につきブラジルとボリビアが，領有権を主張し，またダニューブ川にある Island of Sarengrad 及び Island of Vukovar はクロアチアとセルビアが領有権を争っている[3]。逆に両国とも領有権を主張していない Gornja Siga と呼ばれるダニューブ川の中州については，チェコの Vit Jedlicka が「リベルランド共和国」の独立宣言をした[4]。

　また，国際裁判において河川の中にある島の領有権が争われたこともある。①ナミビアとボツワナの間で Chobe 河にある Kasikili/Sadudu 島の領有が国際司法裁判所において争われ，1999年の判決では，ボツワナ領である旨判示した。②コスタリカとの国境地帯でのニカラグアの行動の合法性が国際司法裁判所で争われ，2015年の判決では，San Juan 河にある Portillos 島がコスタリカ領である旨判示した[5]。

---

(1)　河川の中にある島は，その性質上，国連海洋法条約121条にいう「島」ではない。

(2)　珍宝島の領有をめぐっての中ソの武力衝突につき，石井明「珍宝島事件に関する一考察」『衛藤瀋吉先生古稀記念論文集 20世紀アジアの国際関係Ⅰ　中国の社会と国際関係』（原書房，1995年）99-117頁。

(3)　Sean D. Murphy, *International Law relating to Islands* (Brill, 2017), p. 148.

(4)　リベルランド共和国を国家承認したのはソマリランドのみだとされる。

　他方で，当然のことながら領土紛争とは無縁の中州も存在する。本章で紹介する会議島（Ile de la Conference）はその１つである。会議島が特別な存在であるのは，フランスとスペインのコンドミニウム（共同領有）[6]であるばかりか，両国が同時に主権を行使するという通常のコンドミニウムではなくて，半年毎に主権が入れ替わるという世界唯一の「交代式」コンドミニウムだからである。さらに会議島は，世界最小のコンドミニウムであり，かつ現存するコンドミニウムの中で最古のものである。

　以下，フランス王室とスペイン王室の社交場であった会議島の全般的特徴を紹介した上で，通常のコンドミニウムとなった1856年の条約及び当番式のコンドミニウムとなった1901年の条約について概観し，最後に若干の考察をしたい。

## ２　フランス王室とスペイン王室の社交場としての会議島

　会議島は，フランス南西部（アキテーヌ地方）とスペイン北西部（バスク地方）の国境を流れる Bidassoa 河の下流にある中州である。フェザント島とも呼ばれ，英語では Pheasant Island，フランス語では Ile des Faisans，スペイン語では Isla de los Faisanes，バスク語では Konpantzia と表記される。面積は僅か6,820平方メートル（約2,066坪）である。

　会議島はフランス王室とスペイン王室の社交の場であった。1659年11月7日に両国間の24年にわたる戦争を終結させたピレネー条約は会議島で締結された[7]。同条約ではフランスのルイ14世とスペインのフェリペ4世の娘であるマリー・テレーズの結婚についても規定された。ルイ14世とマリー・テレーズは

---

(5)　Murphy, *supra note* 2, pp. 149–153.

(6)　コンドニウムにつき，Ⅶ参照。コンドミニウムになった島としては，New Hebrides 島（1906年から1980年まで英国とフランスのコンドミニウム，現在はバヌアツ）と Canton 島及び Enderbury 島（1939年から1979年まで英国と米国のコンドミニウム，現在はキリバス）が知られており，樺太島も1855年乃至1867年から1875年まで日本とロシアのコンドミニウムであったと考えられる。

(7)　ピレネー条約の内容及び交渉経緯につき，カリエール（坂野正高訳）『外交談判法』（岩波書店，1978年）177-178頁及び195-196頁の訳注参照。同条約ではフランスのルイ14世とスペインのフェリペ4世の娘であるマリー・テレーズの結婚についても規定された。

この時出会い，翌1660年6月7日にも同島で邂逅し，6月9日に結婚した[8]。

## 3　1856年12月2日の国境画定条約によるコンドミニウムとしての法的地位の決定

フランスとスペインの間では1853年11月7日に「ピレネーの境界画定のための混合委員会」が創設された。会議島の帰属の問題が初めて扱われたのは1854年6月2日からの会議においてであったが，主権の問題としてではなく，砂利等の採取により会議島が水没する恐れがあることへの緊急の対策の問題として議論され，まず両国が見張りを河岸において砂利の採取をしないように監視すること等で合意がなされた[9]。1855年5月18日からの第9回会合において，フランスが提示した国境画定条約案の中で会議島をコンドミニウムにすることが提案された。即ち，フランスは会議島に関する9条と10条を次のように提案したのであった。

「9条　両国に共通の多くの歴史的記念に関連するFaisans島（会議島の名でも知られている）は分割されずに（par invidis）両国に属し，中立を宣言される。同島での両国の住民による土・砂利の採取や家畜の牧養は禁止される。
　10条　両政府は，共通の合意に基づき，Faisans島を脅威にさらす破壊から保護するため，また，保全又は美化にとって有用と判断する作業の実施のため，適当なすべての措置をとる。」[10]

その後，1856年1月11日からの交渉においてフランスが提示した条約案においては，会議島の法的地位は9条と23条として次のように提案された。

「9条　ChapitellacohariaからBidassoa河の河口まで，河川の中間線が両国

---

[8]　Jacques Laumosnierによる同条約締結時及び1660年の邂逅時の絵画がWikimedia Commonsに掲載されている。

[9]　Luis Careaga, *L'ile des Faisans ou de la Conference* (Casa Editorial Orrier, 1932), pp. 7–8.

[10]　Careaga, *supra note* 9, p. 10.

の分割線となるが，諸小島の現在の国籍を変更するものではない。Faisans 島
は両国に半分ずつ（par moitie）属し続ける。

　23条　両国に共通の多くの歴史的記念に関連する Faisans 島（会議島の名で
も知られている）は，半分はフランスに半分はスペインに属し続けるが，中立
を宣言される。同島での両国の住民による土・砂利・牧草・木の採取や家畜の
牧養は禁止される。両政府は，共通の合意に基づき，Faisans 島を脅威にさら
す破壊から保護するため，また，保全又は美化にとって有用と判断する作業の
共通の経費での（a frais communs）実施のため，適当なすべての措置をとる。」[11]

　1855年11月の条約案 9 条はコンドミニウムの提案であったが，1856年 1 月の
条約案 9 条は分割の提案であり，根本的に異なるものとなった。後者の23条は
前者の10条とほぼ同一であるが，共通の経費での実施を明記した点が異なる。
分割しながら共通の経費での実施をするというのは奇妙であり非論理的でさえ
あると指摘される[12]。

　その後，1856年 2 月 8 日にスペインが対案を示し，交渉の結果，合意が成立
した。最終的には，同年12月 2 日に Bayonne で開催された第15回会議におい
て，両国は国境画定条約に署名した（スペインは1857年 6 月18日に，フランスは
同年 7 月29日に批准し，批准書の交換は同年 8 月12日にパリで行われた）[13]。 9 条と
27条が会議島について規定する。

　「 9 条　Chapitelacp-arria から Bidassoa 河の河口まで，同河の主流の中間線
が両国の分離線を構成するが，このことは諸小島の現在の国籍を変更するもの
ではなく，Faisans 島は両国に属し続ける。

　27条　両国に共通の多くの歴史的記念に関連する Faisans 島（会議島の名で
も知られている）は，分割されずに（par indivis）フランスとスペインに属する。
国境の各当局は，同島でなされるすべての犯罪を抑圧するため協調する。両政
府は，共通の合意に基づき，Faisans 島を脅威にさらす破壊から保護するため，
また，保全又は美化にとって有用と判断する作業の共通の経費での実施のため，

(11)　Careaga, *supra note* 9, pp. 11–12.

(12)　Careaga, *supra note* 9, pp. 12–13.

(13)　Careaga, *supra note* 9, p. 13.

適当なすべての措置をとる。」[14]

　こうして会議島はコンドミニウムとなった。この段階では2か国が共同で「同時に」主権を行使する通常のコンドミニウムであった。それではどうしてその後，会議島は「交代式で」主権を行使する独自のコンドミニウムになったのであろうか。この点を次節において見ることにしたい。

## 4　1901年3月27日の管轄権行使に関する協定による「交代式」コンドミニウムとしての法的地位の決定

　1877年5月21日，立入禁止の会議島に無断で入った5名の Handaye（フランス側の村）の若者がスペイン側によって身柄を拘束された。これに対してフランス側は釈放を要求した。フランスの駐スペイン大使である Chaudordy 伯爵は，同年6月11日の書簡において，1856年条約の欠缺を主張した。犯罪についての管轄権が規定されていないという欠缺である。これに関連して，Descades 公爵は，①フランス人の犯罪についてはフランスが，スペイン人の犯罪についてはスペインが管轄権を有する，②第三国国民の犯罪については犯罪行為を最初に確認した方の国が管轄権を有する，③フランス人とスペイン人が一緒に犯した犯罪については，当初の対応（les premiere diligence）をした方の国が管轄権を有する，④フランス人とスペイン人と第三国国民が一緒に犯した犯罪については，何らかの示談をする国が管轄権を有する，との提案をした[15]。これに対して，スペイン側は，フランスの提案に同意するが，密輸業者による商品の荷下ろし等，予期されない場合が他にもあるとし，Bidassoa 河における鮭の漁獲の場合の管轄権と同様に，1年毎に管轄権を交代で（alternativemant）行使することを提案した[16]。

　その後，スペインの税関が Bidassoa 河を航行するすべてのフランス船舶に

---

(14)　Careaga, *supra note* 9, p. 14. 同条約は，Clive Parry （ed.）, *Consolidated Treaty Series*, vol. 116 （1969）, pp. 85–94にも掲載されている。

(15)　Careaga, *supra note* 9, pp. 26–27.

(16)　Careaga, *supra note* 9, p. 27.

対して会議島に横づけするよう求めたことをフランスが問題視して，スペイン
の税関は対応を修正したものの，この問題に関連してフランス内相は1878年1
月9日に国務相に対して，犯罪者に対するフランスとスペインの交代での管轄
権を主張した。スペイン国務院は，フランス大使の提案であろうとスペイン側
の提案であろうと，国境画定条約27条に反するものではないことを確認した上
で，フランス大使の提案は犯人が誰かを知っていることを前提とするものだが，
犯行の現場をおさえられなかった場合や知らなかった場合には，犯行を暴くた
め最初の捜査をしなければならないのはどちらの国かという問題が生じるとし
て，交代で管轄権行使をする方が好ましいとした[17]。こうしてスペインは正式
にフランスに対して一定期間毎に会議島に対する管轄権の行使を交代すること
を提案した。

　この問題に関する外交交渉はその後中断したが，1899年5月4日から再開さ
れ，同年10月25日にスペイン代表のArcentales伯爵は会議島での犯罪に対す
る管轄権について次のような条文を提案した。

「1条　Faisans島内でフランス市民によって犯された犯罪又は不法行為の
場合には，犯人又は不法行為者はフランスの裁判所によって裁判がなされる。
　2条　犯人又は不法行為者がスペイン臣民の場合には，当該者はスペインの
裁判所によって裁判がなされる。
　3条　犯人又は不法行為者がフランス人でもスペイン人でもない場合には，
同島における警察権及び管轄権が当該時点で（momentanement）帰属する国籍
の裁判所によって当該者は裁判がなされる。
　4条　Faisans島における警察権及び管轄権はフランスとスペインによって
交代で（tour a tour）6か月毎に行使される。最初の6か月にどちらの国がこ
の権利を行使するかは籤を引いて決める。
　5条　Faisans島における警察権及び管轄権を行使する順にある国は，1条
及び2条に該当する場合には，同島の共同所有者である他方の国の国籍を有す
る犯人及び不法行為者をその本国の当局に引き渡す。」[18]

---

(17)　Careaga, *supra note* 9, pp. 27–28.
(18)　Careaga, *supra note* 9, pp. 29–30.

これに対して，1900年9月6日の会議において，フランス側はスペイン案を微修正する対案を示した。これが両国間で合意されて，1901年3月27日にBayonneでFaisans島における管轄権の行使に関する協定が署名された。同協定の内容は次の通り。

「1条　Faisans島における警察権は，スペイン及びフランスによって半年毎に籤で決定される順により交代で（tour à tour）行使される。
　2条　スペイン人及びフランス人はFaisans島において犯された違犯（infractions）に対して本国の裁判所により裁判を受ける。
　3条　他の国籍を有する違犯者は，違犯時点でFaisans島において警察権を有する国の裁判所において裁判を受ける。しかしながら，スペイン人又はフランス人と共同で行われた事件に関しては，後者の本国の裁判所により裁判がなされる。
　4条　両国の各々の当局は，それぞれ，特段の形式なしに，作成された調書に基づき，自国の権限で裁判がなされる違犯者並びに2条及び3条の適用によって相手国の裁判所で裁判がなされる違犯者を引き渡す。
　5条　関係する各政府は，本条約の対象となっている違犯の訴追と判決についての権限を有する司法当局を決定するため必要な措置をとる。
　6条　本条約は批准され，批准書の交換は来たる12月31日に又は可能な場合にはより早期にBayonneにてなされる。」[19]

　2条は，スペイン人による犯罪についてはスペインの裁判所が，フランス人による犯罪についてはフランスの裁判所が，裁判を行うという意味である（なお，違犯（infractions）には，重罪（crime），軽罪（délit），違警罪（fautes de police）が含まれる）[20]。
　3条は，第三国国民がフランス人と共同で犯罪を犯した場合にはフランスの

---

[19] Careaga, *supra note* 9, pp. 31–32. 同協定は，Clive Parry (ed.), *Consolidated Treaty Series*, vol. 189 (1979), pp. 311–313にも掲載されている。同協定の批准書の交換は，6条で規定された1901年12月31日までにはなされなかったが，1902年8月12日になされた。Careaga, *supra note* 9, p. 45.

[20] Careaga, *supra note* 9, p. 36.

裁判所が，スペイン人と共同で犯罪を犯した場合にはスペインの裁判所が，裁判を行うという意味である。

　このようにして，会議島は半年毎の「交代式」のコンドミニウムとなった。「交代式」のコンドミニウムが採用された端緒となったのが，同島における犯罪に対する管轄権の行使をめぐる問題であったこと，また「交代式」の管轄の先例が Bidassoa 河における鮭の漁獲に関して存在し，それを参考に提案がなされたことは，非常に興味深い事実である。もっとも，フランス人又はスペイン人の犯罪については国籍主義が原則として採用されたため，「交代式」のコンドミニウムが貫徹された訳ではなく，国籍主義に基づく裁判権とのハイブリッドな要素が残ることになった（もし「完全な」「交代式」のコンドミニウムであれば，フランスが担当する半年の間に同島でスペイン人によってなされた犯罪に対してもフランスが裁判権を有するのが自然であった）。これは国籍主義を唱えたフランスと「交代式」を唱えたスペインの双方の主張を取り入れた妥協の産物と見ることが可能であろう。

　なお，国籍主義を採用しない場合には問題となりえた相手国に逃亡した自国民の引渡の問題（フランスとスペインの間で1877年12月14日に署名され1878年6月25日に発効した犯罪人引渡条約[21] 1条では，「いずれかの国民の場合を例外として」という自国民不引渡の文言がある）は回避されることになった。

　半年毎の詳細については，（批准書が交換され本協定が発効した1902年8月12日を端緒として）毎年8月12日から翌年2月11日までフランスが権限を行使し，2月12日から8月11日までスペインが権限を行使することとなった[22]。本協定は1856年の国境画定条約の27条と相反するものではなく，同条約では未決であった警察権及び裁判権について明確化したものであった[23]。

　Descheemaeker が指摘したように，同協定は適用において難しい問題を生

---

(21)　Clive Parry（ed.）, *Consolidated Treaty Series*, vol. 152（1977）, pp. 195–202に掲載されている。

(22)　Careaga, *supra note* 9, p. 45；Jacques Descheemaeker, Une Frontière inconnu, les Pyrénées de l'ocean à l'Aragon, *Revue général de droit international public*, vol. 49（1941–1945）, p. 250.

(23)　Careaga, *supra note* 9, p. 33.

じうる場面もありうる[24]。例えば，同島においてフランス人がフランスでは犯罪だがスペインでは犯罪でない行為を犯してスペインに逃亡した場合，フランスのみが裁判権を有する以上，フランスはスペインに引渡を要請する必要があるが，両国間の犯罪人引渡条約2条2項に規定されている双方可罰原則を満たすか，また同条約17条において「本条約の諸条項は相手締約国の所有物（posessions）に適用される」が援用できるかが問題となる[25]。また，3条はフランス人と第三国民，スペイン人と第三国民が共同で犯した犯罪についての規定であって，フランス人とスペイン人が（第三国民は関与せずに）共同で犯した犯罪やフランス人とスペイン人と第三国民が共同で犯した犯罪の場合の規定はおかれていない。前者の場合には2条により，フランス人についてはフランスの裁判所が，スペイン人についてはスペインの裁判所が，裁判を行うことになり，後者の場合には2条と3条第1文により，特段の合意がなされない限り，フランス人についてはフランスの裁判所が，スペイン人についてはスペインの裁判所が，第三国民については違犯時点で警察権を有する国の裁判所が，裁判を行うことになるが[26]，フランスとスペインでの2つの裁判の結果が齟齬する場合（例えばフランスの裁判所はフランス人を有罪とし，スペインの裁判所はスペイン人を無罪とした場合）には，同島の法体制に対する疑義が生じる恐れがある。

　また，1901年協定の4条では相手国の要請がなくても要件に該当する場合には相手国に引き渡すことなっているのに対して，犯罪人引渡条約では相手国からの要請があった場合に引き渡すという点が異なる[27]。

## 5　おわりにかえて

　その後，会議島をめぐって深刻な問題が生じることはなく，今日に至っている。同島は，面積が非常に小さく，立入禁止であり，ピレネー条約を記念するモニュメントが存在する程度であること（さらに島といっても通常の島のように

[24]　Descheemaeker, *supra note* 22, pp. 250–251.
[25]　Careaga, *supra note* 9, p. 41.
[26]　Careaga, *supra note* 9, pp. 35–36.
[27]　Careaga, *supra note* 9, p. 38.

領海や排他的経済水域を有しないこと）が，交代式のコンドミニウムという独自の制度を創設し維持することを可能にしてきたといえよう。同島におけるフランスとスペインの関与は，共同領有といっても，その内実は「共通の文化遺産」乃至「箱庭」を交代で管理することであり，その管理の内容は「同島を利用しないようにすること」であった。

　コンドミニウムの運営が成功するためには，共同領有国間に政治的・経済的・社会的同質性があることが不可欠である[28]。フランスとスペイン間にはこれらの同質性は存在し，さらに「箱庭」であったことが，交代式のコンドミニウムという独自の（sui generis）法体制を可能にしたといえよう。この意味で会議島は通常の領土問題の解決にとってはさほど参考にならないかもしれないが，むしろ次世代の宇宙ホテルや space colony のような独自の閉鎖空間の管轄権のあり方を考える際に参考になるかもしれない。ちなみに，1998年に日本，米国，欧州宇宙機関（ESA），カナダ，ロシアの間で署名された新宇宙基地協定[29]では，5条2項において「各参加主体は…自己が登録する要素及び自国民である宇宙基地上の人員に対し，管轄権及び管理の権限を保持する」と規定し，例えば日本が提供する実験棟（JEM）には日本法が適用されることになる。また，現実に犯罪が発生することは稀であるにもかかわらず刑事裁判権の問題をつめる必要が生じて1901年の管轄権協定が締結されたことは，この問題が国家主権の重要課題であることを示しているが，宇宙基地協定の作成においても議論の多かった主題が，刑事裁判権の問題であった。1988年に日本，米国，カナダ，ESA の間で署名された旧宇宙基地協定[30]では，22条1項において，「自国が提供する飛行要素について及びいずれかの飛行要素上の人員であって自国民である者について刑事裁判権を行使することができる」と規定し，2項で米国による刑事裁判権についての特則をおいたが，ロシアが加わって新たに交渉された新宇宙基地協定では，米国は自国の宇宙飛行士がロシアにおいて裁かれる可能性を完全に排除することを意図し，結果としてまとまった新協定の22条では「いずれかの飛行要素上の人員であって自国民である者について刑事裁判権

---

　[28]　この点に関連して，96頁参照。

　[29]　平成13年条約第2号

　[30]　平成4年条約第1号

を行使する」と規定された。また，交代式による責任の分担は，国連の安保理
や総会をはじめとする国際会議体における議長国の交代において広く採用され
ていることも想起されるべきであろう。

# *VII* コンドミニウムをめぐる国際法と外交

## 1 はじめに

　本章では，2以上の国家[1]がある領域を共同領有するコンドミニウム（condo-
minium）について検討する。コンドミニウムは，稀ではあるものの，これま
で[2]一定数の実例が存在し，現存しているものもある。コンドミニウムの概念
は一様ではなく混乱が見られるため，まず2においてコンドミニウムの特徴を
多少とも明確化した上で分類を行う。その上で，3においてコンドミニウムの
主な実例（提案されたが実現しなかった例も含む）について陸域と水域に分けて
概観し，実際上の問題点を探る。これらの考察をした上で4においては，コン
ドミニウムは過去の遺物・暫定的な制度にすぎないのか，領域紛争の解決案と
して将来勘案することは非現実的であるのか，コンドミニウムの運営が首尾よ
く行くための条件は何か，という論点について若干の検討を行う[3]。
　我が国もコンドミニウムと全く無縁という訳ではない。3のE.でみるよう

---

(1)　3カ国が共同領有する場合は，tridominium と呼ばれ，実例としては，1815年のウィー
ン会議で創設され，ロシア，プロシア，オーストリアが3国で共同統治を1846年にオー
ストリアによって併合するまで行ったクラクフ自由市（Free City of Kraków）が挙げ
られる。

(2)　世界初のコンドミニウムとしては，7世紀から10世紀にかけてのキプロス（ビザンチ
ンのユスティニアヌス2世がウマイヤ朝の初代カリフであるウマイヤ1世に対してキプ
ロスの税収について共同主権を提案し，3世紀にわたりこの体制が続いた）だと指摘さ
れることがあるが，これをコンドミニウムと呼ぶのはミスリーディングだとの指摘もあ
る。Luca Zavagno, At the Edge of Two Empires: The Economy of Cyprus be-
tween Late Antiquity and the Early Middle Ages (650s–800 CE), *Dumbarton Oaks
Papers*, Vols. 65 and 66 (2011–2012), pp. 121–122, 133–134. オランダの County of Fri-
esland（1165年から1493年まで）が最初のコンドミニウムであった（Count of Holland
と Prince-bishop of Utrecht を共同主権者とする）とする説もある。Condominium, *En-
cyclopdia Princetoniensis, at* https://pesd.princeton.edu/?q=node/2

に樺太は遅くとも1867年から1875年までの期間は日本とロシアのコンドミニウ
ムであったと考えられる。2016年10月17日の日本経済新聞朝刊[4]は，「日本政
府がロシアとの北方領土問題の打開策として日ロ両国による共同統治案を検討
している」と報じたが，菅官房長官は同日午前の記者会見において「そうした
事実はない。全く考えていない」としてこれを否定した[5]。

## 2　コンドミニウムの特徴と分類

O'Connell は，コンドミニウムの制度は国際法のテキストにおいて不十分な
待遇しか受けて来なかった，またコンドミニウムは定義し難いとして，学説の
星雲状況を指摘し，コンドミニウムが古典的な国家概念や主権概念で説明でき
るか疑わしいとする[6]。さらに，O'Connell は，コンドミニウムは共同所有の
私法アナロジーで説明できるか疑わしいとして，次のように指摘する。①共同
所有者は他のパートナーの同意なしに自分の持分を処分できるのに対して，コ
ンドミニウムの締約国はもしそのようなことを行うと条約上の義務違反となっ
てしまう。②コンドミニウムを創設する条約は各当事国の個別の所有権の法的
基礎となるわけではなく，領域全体に影響を与える問題については共同行動が

---

(3)　コンドミニウムについては，以前，ごく簡単に検討したことがある。拙稿「国際法に
　　おける『境界』の位相」塩川伸明・中谷和弘編『法の再構築Ⅱ　国際化と法』（東京大学
　　出版会，2007年）62-66頁。

(4)　「北方領土に共同統治案」日本経済新聞2016年10月17日朝刊1面。

(5)　http://www.kantei.go.jp/jp/tyoukanpress/201610/17_a.html　なお，大野正美「ロシ
　　アの北方領土政策と共同経済活動」『海外事情』2017年5月号25頁は，1998年11月の日
　　ロ首脳会談の際にコンドミニウムを南クリルに導入する案がロシア側の1つの考えとし
　　て日本側に伝えられたと指摘した上で，現在のロシア政府筋は，「98年当時は南クリル
　　に関するロシアの法律が未整備で『法の空白』という状態からコンドミニアムという考
　　えも出てきたのだろう。だが，南クリルの問題は，今は完全にロシアの法律の枠内に入っ
　　た。2016年12月の首脳会談で協議入りが合意された日ロ共同経済活動がコンドミニアム
　　のような統治形態を取ることは，ロシアの国民にも政治家にも，もはや通用しない。」
　　との見方を示していると指摘する。共同経済活動に関しては，拙稿「『共同経済活動』
　　の一形態としてのバーゼル・ミュールーズ空港」『国際法研究』第6号（2018年）121-
　　128頁参照。

必要である。③英国がニューヘブリデスにおける自国の利益をフランスの同意なしに第三国（例えばオーストラリア）に委ねることは想定し難い[7]。

　コンドミニウムの外縁をめぐっては次の4点を指摘しておきたい。

　第1に，condominium（共同領有）は概念上はcoimperium（共同統治）とは区別されるものである。Kaczorowska-Irelandは，コンドミニウムは2以上の国家が同一の領域及びその住民に対して共同主権を行使するものであり，コンドミニウム下にある領域は国際法人格を有しないとする。代表例として英仏のコンドミニウムであるニューヘブリデスを挙げる。これに対して，コインペリウムの好例は1945年以降のドイツであり，戦勝国は，併合や国際領域創出はせずに，別個の国際的実体として共同に統治することを決定し，4つの占領ゾーンに分割した。ドイツ国は解体されず，コインペリウムの間の状況は緊急時における代理に近いと指摘する[8]。

　この点に関連して，O'Connellは，コンドミニウムの概念は神聖ローマ帝国

---

(6)　D. P. O'Connell, The Condominium of New Hebrides, *British Year Book of International Law 1968-69*, p. 79. O'Connellは，コンドミニウムの法的性質についての学説には，権能の混合を強調する説，共同統治の不可分の性格を強調する説，共同主権の国家的性格を指摘する説，その国際的・共同体的性格を指摘する説，国家理論から説明する説，国際社会理論から説明する説，共同領有領域の共同統治への服従に注目する説，各当事者の国民に対する管轄権の留保に注目する説，二当事者の機関を通じての支配を強調する説，領域が自身の機関を有することを認める説，主権の不可分性を強調する説，その一体的性質を強調する説，領域はいずれの当事者にも属しないとする説，両当事者に属するとする説，所有のアナロジーを除外する説，それを移入する説，等があるとする。

(7)　O'Connell, *supra note* 6, p. 80.

(8)　Alina Kaczorowska-Ireland, *Public International Law* (Routledge, 4th ed., 2010), p. 183. もっとも，ニューヘブリデスでは英国人は英国の行政に，フランス人はフランスの行政によってのみ統治され，両者は限定された主題に関してのみ共同の行政に服するという意味で対人管轄権の行使を基礎とする「分割管理」がなされたが，このようなニューヘブリデスをコンドミニウムの典型例と措定してよいかには疑問が残る。現地の政府による共同直接統治の例も（アンドラのように）当然に存在するからである。Alain Coret, *Condominium* (L.G.D.J., 1960), p. 16は，コンドミニウムが領域的側面に過度に依拠して理解されることを批判し，コンドミニウムは公役務に関連した対人的権能である旨を指摘するが，これはニューヘブリデスをコンドミニウムの典型例とするという前提に基づいている。

の後期に登場し，2以上の主権君主によるある町や土地に対する所有権の共同行使という意味で用いられた。ところが，19世紀においてはこの概念は所有とは切り離されて，2以上の主権国家が領土を共同で統治する状況に用いられるようになった。これは正確には，コインペリウムと呼ぶべきものであったと指摘する[9]。

　第2に，Coret は，コンドミニウムを構成国間の法的及び機能的平等によって特徴づけられると指摘する[10]が，他方，O'Connell は，コンドミニウムという概念は，平等を基礎とするか否かにかかわりなく，主権の共同行使のあらゆる体制について用いられるようになったと指摘する[11]。現実には，後述するスーダンのように，構成国が享受する権利が平等でないコンドミニウムも存在している。

　第3に，Barberis は次のように指摘する。①2つの共同主権国による立場の同等性がない場合にはコンドミニウムとは呼べないとして，租借地であった香港のように一方（中国）が主権を保持し他方（英国）が主権以外の権限（租借権）を保持する領域や，3のA.でみるアンドラのように2主権国による共同領有とはいえない領域はコンドミニウムではない[12]。アンドラは，以前はコンドミニウムの例として考えられたが，1993年に国家として独立し，但し，フランス大統領とウルヘル大司教が共同元首であり続けているという独自の領域である。② Mundat の森のように，一国（フランス）のみが領土の主権者であって他方の国（ドイツ）は私権を有するにすぎない領域や，Tiwinza のように一国（ペルー）の民法によって他国（エクアドル）の所有権を承認するが，前者（ペルー）の領域主権に影響しない領域はコンドミニウムではない[13]。③単なる境

(9)　O'Connell, *supra note* 6, p. 77.

(10)　Alain Coret, Le statut de l'Île Christmas de l'Ocean Indien, *Annuaire français de droit international 1962*, p. 209.

(11)　O'Connell, *supra note* 6, p. 77.

(12)　Julio A. Barberis, Quelques Considérations sur le Condominium en droit international public, *in* Marcelo G. Kohen (ed.) Liber *Amicorum Lucius Caflisch* (Martinus Nijhoff, 2007), pp. 678–679. これに対して Wolff は，アンドラを最古のかつ最も成功したコンドミニウムだとする。Stefan Wolff, *Disputed Territories* (Berghahn Books, 2003), p. 197.

界画定未決の領域はコンドミニウムではない[14]。

　第4に，コンドミニウムと国際的領域行政，保護国との相違について。①コンドミニウムとザール（Saar），ダンチッヒ（Dantig），メーメル（Memel）のような国際的領域行政（international territorial administration）の違いにつき，Stahn は，前者は，主権の所有としてのガバナンス概念であり，自己中心的な権力共有の構造（self-centred power-sharing structure）であるのに対して，後者は，信託を受けて行動する外国の利益に関連した性質（fiduciary and foreign interest-related character）を有するものである点が異なると説明する[15]。国際領域行政の場合には施政国は当該領域に対して領域主権を通常有しない。例えば，タンジール（Tangier）は1924年から1956年までタンジール国際地帯として，フランス，スペイン，英国（後に，ポルトガル，イタリア，ベルギー，オランダ，スウェーデン，米国が加わる）が共同統治したが，あくまでモロッコの主権下にあった。②保護国との関係については，O'Connell は，保護国の場合，領域は既に確立された法的実体であり，その権限は保護する国によって行使され，権限の程度と質は従属国の憲法によって決定されるとし，スーダンのようにいくつかのコンドミニウムは保護国に近いが，ニューヘブリデスは明らかに保護国とは異なると指摘する[16]。

　さらにコンドミニウム全般に関して，ここでは次の5点を指摘しておきたい。
　第1に，コンドミニウムのあり方については，関係国の自由度は大きいといえる。合意すれば様々な形態・内容が可能である。コンドミニウムの大半は複数国が同時に共同領有するものであるが，領有を時間的に交代するという形をとる（半年はA国領，残りの半年はB国領とする）こともある（3のF.でみる会議島がそれに該当する）。

---

(13)　Barberis, *supra note* 12, p. 679.
(14)　Barberis, *supra note* 12, p. 682. 南極条約第4条において領土権・請求権の凍結を規定して未決の状態が継続している南極を事実上のコンドミニウムとする見解もない訳ではないが，妥当ではない。また3のE.でみるように，「日露雑居の地」と言われた1855乃至1867年から1875年にかけての樺太はコンドミニウムと考えられる。
(15)　Carsten Stahn, *The Law and Practice of International Territorial Administration* (2008), p. 48.
(16)　O'Connell, *supra note* 6, p. 81.

　第2に，コンドミニウムにおいては，両国家が拒否権を有する。そのため，他方の国家の共同主権者の同意なしにコンドミニウムに関連する権利を第三者に移譲することはできない。これは，他の共同所有者の同意なしに権利を第三者に移譲することを認める国内法とは異なる。拒否権を持たせないような合意も可能だが，その場合には分割した管轄となるゆえ，そもそもコンドミニウムには該当しない[17]。

　第3に，コンドミニウムは，領域的法制度を構成するものであり，それゆえ第三者対抗力を有する（第三国といえども確立されたコンドミニウムを尊重しなければならない）と解することが，法的安定性を担保し国際関係における混乱を防ぐために重要かつ合理的である。

　第4に，コンドミニウムの存在は推定されない。1923年9月25日のドイツのライヒ裁判所（刑事部）判決では，コンスタンス湖の法的地位はコンドミニウムか中間線での分割かについては論争があるとした上で，国際法の一般ルールはコンドミニウムの観念を支持しないと判示した[18]。また，1957年11月16日のラヌー湖事件仲裁判決では，「国家主権に対する制限は明確で説得力ある証拠がある場合にのみ認められる」とし，コンドミニウムのようなある領域に対する共同の管轄権の事案は例外的である旨，判示した[19]。

　第5に，明示的な国家間合意がなくてもコンドミニウムが存在する場合もない訳ではない。例えば，オランダとドイツの間にある Ems-Dollart 河口は，ここをコンドミニウムとする両国間の明示的合意は存在しないが，両国は黙示的にコンドミニウムとして運用してきた[20]。

---

(17)　Barberis, *supra note* 12, p. 654 ; O'Connell, *supra note* 6, p. 80.

(18)　*Entscheidungen des Reichsgerichts in Strafsachen*, vol. 57 (1924), pp. 368-370 ; *Annual Digest of Public International Law Cases*, vol. 2 (1923-24), pp. 102-103 ; Green Haywood Hackworth, Digest of International Law, vol. 1 (1940), pp. 615-616.

(19)　*ILR*, vol. 24, pp. 127-130. なお，Barbara Janusz, *The Caspian Sea : Legal Status and Regime Problems* (Chatham House, 2005), p. 5. 参照。

(20)　この点につき，Harry H. G. Post, Dutch-German Boundary Relations in the Eems-Dolland (Ems-Dollard) Estuary : An Implicit Condominium ?, *in* Matteo Nicolini et al (eds.), *Law, Territory and Conflict Resolution* (Brill Nijhoff, 2016), pp. 346-361参照。

筆者なりにコンドミニウムを分類すると，次のような分類が可能であると思われる。

第1は，陸域の共同領有か水域の共同領有かに基づく分類である。第2は，(旧)植民地領域か否かに基づく分類である。(旧)植民地領域のコンドミニウムの代表例は，後述するスーダンとニューヘブリデスである。第3は，一定の領域を複数国が同時に共同領有する通常のコンドミニウムと複数国が交互に領有するコンドミニウムの区別である。後者の実例は会議島に限定されているが，非常に興味深いものである。第4は，(本質的な区別ではないが)，現存するコンドミニウムと過去に存在したコンドミニウムの区別である。

A.現存するコンドミニウム，B.第2次大戦後に存在したコンドミニウム，C.コンドミニウムとして提案されたことのある領域のリストは，次の通りである[21]。

A.に該当するものとしては，陸域のものとして，会議島（フランスとスペイン（のコンドミニウム，以下同様）），ブルチコ（Brčko，ボスニア・ヘルツェゴビナとスルプスカ（Srpska）共和国），水域のものとして，フォンセカ湾の一部（エルサルバドルとホンジュラスとニカラグア），チチカカ湖（ペルーとボリビア），モーゼル川の一部（ルクセンブルクとドイツ）[22]，パラナ川の一部（ブラジルとパラグアイ）[23]がある。なお，コンスタンス湖（オーストリアとスイスとドイツ）に関し

---

[21] Wikipedia, Condominium（international law）を参考に筆者作成。なお，第二次世界大戦時までに存在したコンドミニウムのうち比較的知られたものとしては，中立モレネ（オランダ（後ベルギー）とプロシア，1816-1919），オレゴン（英国と米国，1818-1846），サモア（ドイツと英国と米国，1889-1899），シュレースヴィヒ・ホルシュタイン（オーストリアとプロシア，1864-1866），トーゴランド（英国とフランス，1914-1916）等がある。

[22] モーゼル川に関しては，ドイツとルクセンブルグの沿岸の約36キロの河川部が両国のコンドミニウムになっている。1816年6月26日にプロシア・オランダ間で署名されたエクス・ラ・シャペル条約（*British and Foreign State Papers*, vol. 3, pp. 720-736）においてその旨が規定され，さらに1976年9月14日のドイツ・ルクセンブルグ間で署名されたモーゼル川の維持・修復・運営に関する条約において両国の責任配分についての詳細が合意された。*United Nations Treaty Series*, vol. 1045, p. *284*（No. 15740）; Maria Querol, *Freshwater Boundaries Revisited : Recent Development in International River and Lake Delimitation*, （Brill, 2016）, p. 19, note 65.

ては，オーストリアは３か国のコンドミニウムであると主張しているのに対して，スイスは湖の中間に境界が存在するとの見解であり，ドイツは公式の立場を表明していない[24]。Baldacchino は，コンスタンス湖を「事実上のコンドミニウム」と呼び，欧州で唯一境界が存在しない領域であるとする[25]。

　B. に該当するものとしては，陸域のものとして，スーダン（英国とスーダン，1899-1956），ニューヘブリデス（英国とフランス，1906-1980），カントン・エンデベリー島（英国と米国，1939-1979），ナウル（英国とオーストラリアとニュージーランド，1923-1942及び信託統治領として1947-1968），Hadf（オマーンと UAE のアジマン首長国，1960-終了年不明），水域のものとして，Walvis Bay（ウォルビス湾，南アフリカとナミビア，1992-1994）がある。

　C. に該当するものとしては，陸域では，ジブラルタル（英国とスペイン，2002年のレファレンダムでコンドミニウム案を否決，３の H. 参照），ハンス島（カナダとデンマーク，交渉中），香港（1983-1984の返還交渉において英国が英国と中国のコンドミニウムを提案したが中国が拒否し，1997年に中国に返還），北アイルランド（1984年に New Ireland Forum が英国とアイルランドのコンドミニウムを提案したが英国が拒否）が，水域では，カスピ海についてロシアやイランが沿岸５か国（ロシアとイランとカザフスタンとアゼルバイジャンとトルクメニスタン）のコンドミニウムを提案したことがある（３の K. 参照）。さらにエルサレムやアビエイのコンドミニウムを提案する論者もいる[26]。


## 3　コンドミニウムの実例

以下，コンドミニウムに関連する実例として，陸域では，A. アンドラ，B.

---

(23)　パラナ川に関しては，1973年４月26日の両国間の条約の１条において，両国は両国によって共同領有されるパラナ川の Salto del Guairá からイグアス川の河口までの水資源を共同所有して水力発電用に利用することに合意している。*United Nations Treaty Series*, vol. 923 p. 92（No. 13164）.

(24)　Ken Jennings, The Borderless Black Hole in the Middle of Europe（2014）, *at* https : //www.cntraveler.com/stories/2014-06-16/lake-constance-maphead.

(25)　Godfrey Baldacchino and Contributors, *Solution Protocols to Festering Island Disputes*（Routledge, 2017）, p. 83.

スーダン，C. ニューヘブリデス，D. カントン及びエンデベリー島，E. 樺太，
F. 会議島，G. ブルチコ，H. ジブラルタルについて，水域では，I. フォンセカ
湾，J. チチカカ湖，K. カスピ海について概観することとしたい。このうち，
アンドラは 2 でふれたように厳密な意味ではコンドミニウムではないが，長期
間にわたる共同統治の成功例としても注目されるものである。「日露雑居の地」
であった樺太がいつコンドミニウムとして確立したかは不明確であるが，日本
に関連した実例ということで見ることとしたい。ジブラルタルはコンドミニウ
ムの提案がレファレンダムによって否決された例であり，コンドミニウムの限
界を示す実例でもある。カスピ海は境界未画定であるが，ロシアとイランがコ
ンドミニウムの提案をしたことがある水域である。

A.　アンドラ

　ピレネー山脈にあるアンドラ（Andorra）はフランスの君主（以前は国王，後
に大統領）とスペインのウルヘル司教が共同統治してきた。アンドラでは1278
年の仲裁判断（Pareatage）がコンドミニウムの原型を定めたとされる。即ち，
ウルヘル司教とフォア伯爵との間で統治権をめぐる紛争が発生したため，1278
年の仲裁判断においてアンドラにおける両者の共同行政が定められ，徴税権，
裁判権，徴兵権といった封建領主権を共有する対等の宗主契約が締結され，両
者は共同領主となった[27]。その後，共同領主としてのフォア伯爵の地位はフラ
ンス国王，フランス大統領に承継された。1993年にアンドラは国家として独立
した[28]が，フランス大統領とウルヘル司教が引き続き共同元首である。

---

[26]　John V. Whitebeck, The Road to Peace Starts in Jerusalem : The "Condomin-
ium" Solution, *Catholic University Law Review*, vol. 45 (1996), pp. 781-793 ; Jordie
Saperia, Jerusalem : Legal Status, Condominium and Middle East Peace, *Journal of
East Asia and International Law*, vol. 3 (2010), pp. 175-198 ; Jack McNeily, A Condo-
minium Approach to Abyei, *Chicago Journal of International Law*, vol. 13 (2912-
2013), pp. 265-290.

[27]　H. A. Angelo, Andorra : Introduction to a Customary Legal System, *American
Journal of Legal History*, vol. 14 (1970), pp. 96-97 ; 外務省ホームページ「アンドラ基
礎データ」http://www.mofa.go.jp/mofaj/area/andorra/data.html

[28]　日本は1993年12月にアンドラ公国を国家承認し，1995年10月に外交関係を開設した。

　Crawford は1977年の論文において，アンドラを保護国やコンドミニウムとして説明することは適当ではなく，強いていえばフランス主権者の二重の役割に鑑みると同君連合（personal union）が近いものの，ウルヘル大司教の地位を説明できず，結局，独自の存在であると言わざるを得ないとする[29]。欧州人権裁判所は1992年 6 月26日の Drozd and Janousek v France and Spain 事件判決においてアンドラはフランス・スペインのコンドミニウムではないと判示した[30]。

　コンドミニウムはしばしば一時的又は緊急の解決策と指摘されてきたが，アンドラは700年以上にわたって安定的な運営がなされてきたという点で注目すべきである。アンドラのコンドミニウムがなぜ長続きしたかにつき，Perkins は，第 1 の説明として，アンドラは 2 つの「主権国家」によるコンドミニウムではなく，フランスのみがアンドラに対する国際的責任を負ったため，外交政策をめぐる争いが共同統治者の間で生じなかったこと，また長らく中立を保ってきたこと，第 2 の説明として，アンドラは天然資源を有さず，耕作に適した土地も乏しく，またピレネー山脈近くの孤立した環境にあったため，近隣国の野心の対象とはならなかったこと，第 3 の説明として，近隣国の文化的影響力の希薄な領域であったこと，を挙げる[31]。Jessup と Taubenfeld は，「アンドラがユートピアかオペラ・ブッフ（opera bouffé）かはわからないが，模倣できない特殊な例である」と指摘する[32]。

## B．スーダン

　スーダン（Sudan）は1899年から独立する1956年まで英国とエジプトのコンドミニウムの下におかれたとされる。但し，1899年 1 月19日のスーダンの将来

---

[29]　James Crawford, The International Legal Status of the Valleys of Andorra, *Revue de droit international de sciences diplomatiques*, vol. 55（1977），p. 266.

[30]　A/240，[1992] ECHR 52, paragraph 89.

[31]　Taylor Calvin Perkins, Edification from the Andorran Model, *Indian Journal of Global Legal Studies*, vol. 21（2014），pp. 659–661.

[32]　Philip C. Jessup and Howard J. Taubenfeld, *Controls for Outer Space and Antarctic Analogy*（Oxford University Press, 1959），p. 24.

の行政に関する英国・エジプト協定[33]中にはコンドミニウムという用語はない。同協定の2条は,「スーダンの陸地及び水域においては,英国旗とエジプト旗がともに使用される(但し Soukin ではエジプト旗のみが使用される)」と規定し,英国は,「同条が英国とエジプトの共同主権の根拠となる」との見解であったが,これに対してエジプトは,「英国はスーダンの行政機構に一定のシェアを有するが主権は有しない」との見解であった。エジプトのパシャ首相は1947年8月5日の国連安保理第175回会合において,「英国は1899年協定の締結以来,同協定の意味を広げようとして,コンドミニウムという同協定中のどこにもない用語を常に使用して,スーダンの主権をエジプトと共有するという考え方を伝えようとしてきた」と批判した[34]。なお,1910年4月2日のエジプト混合裁判所判決(Bencini and Quitas v Egypt and Sudan Governments)[35]では,1899年協定の効果は征服国の利益のためにコンドミニウムを確立し,スーダンを「エジプトとは別の新たな実体」として創設することであったとする。ここで留意すべきは,裁判所はスーダンを主権国家とみなした訳ではないということである[36]。

Jessup と Taubenfeld は,「スーダンは真の共同統治の例とはいえず,あたかも英国の植民地のように運営された」と指摘する[37]。もし構成国の対等性をコンドミニウムの要件と考えるのであれば,スーダンは英国の優位ゆえにその要件を満たすものではなかったと言わざるを得ない。1899年協定の3条は,「スーダンの最高の軍事及び民生の指揮権は総督(Governor-General)と呼ばれる1人の官吏に付与される。総督は英国政府の推薦に基づき Khedive(オスマントルコが派遣したエジプト副王)によって任命される,英国政府の同意に基づ

---

[33] *British and Foreign State Papers*, vol. 91, pp. 19–21.

[34] Faisal Abdel Rahman Ali Taha, Some Legal Aspects of the Anglo-Egyptian Condominium over Sudan: 1899–1954, *British Year Book of International Law 2005*, pp. 338–339.

[35] *American Journal of International Law*, vol. 4 (1910), pp. 745–751.

[36] Ali Taha, *supra note* 34, pp. 339–340. 英国はスーダンやニューヘブリデスを主権国家とはみなさず,英国外務省法律顧問 Beckett はこれらを「別格の地位(in a class by themselves)」であるとした(p. 340, note 11)。

[37] Jessup and Taubenfeld, *supra note* 32, p. 24.

き Khedive によって罷免される」と規定する。最高権力者である総督には常
に英国人が就任した[38]。立法権についても英国に優位が付与されていた。1899
年協定の4条は,「法律は総督の布告によって制定・改廃される」と規定する。
エジプトはエジプト側の同意なしに法律の制定・改廃がなされたことに立腹し
て,「エジプトの事前同意を要する」と批判した[39]。

### C.　ニューヘブリデス

　英国とフランスは,ドイツの進出に対抗することを主な目的として,1906年
10月20日の条約において,ニューヘブリデス（New Hebrides）をコンドミニウ
ムとした[40]。同条約の1条では,ニューヘブリデスは共同影響地域（region of
joint influence）を形成し,英仏は自国民に対して管轄権を保持すると規定する。
1914年の議定書では,「自国民に対して管轄権を保持する」という文言が「自
国民及び自国で合法的に設立された会社に対して主権を保持する」という文言
に修正がなされた。ニューヘブリデスのコンドミニウムは,英仏両政府の対等
性と各管轄権の共存を特徴とし,コンドミニウムの管轄に服する事項としては,
郵便・電信,公共事業,港湾,浮標・灯台,公衆衛生,共同裁判所,共同刑務

---

(38)　このことにエジプトは不満を募らせたが,1936年8月26日の英国・エジプト同盟条約
　　（*Treaty Series No. 6*）11条1項においても,「両締約国は,将来において1899年協定を
　　修正して新たな条約を締結する自由を留保しつつも,スーダンの行政は同協定から生じ
　　るものであり続ける。総督は同協定によって付与された権限を行使し続ける」旨,規定
　　された。但し,「両締約国はスーダンにおける行政の第一の目的はスーダン人民の福祉
　　でなければならないことに合意する」という新たな規定が挿入された。エジプトのファ
　　ルーク国王は1939年にエジプト人の副総督の指名を提案した。国王は総督の「代役」と
　　なるエジプト人がいないと「真のコンドミニウム」とはいえない旨英国大使に述べたが,
　　英国は国王の提案を拒否した。Ali Taha, *supra note* 34, p. 343。

(39)　英国法務総裁 Shawcross は,1948年3月17日に英国外務省法律顧問 Beckett に対し
　　て,1899年協定の意図は立法権を共同領有者（co-domini）から総督への委任を創出す
　　るものであるから,共同領有者であるエジプトの同意なしに英国は立法権を移譲・共
　　通・行使することはできないとし,もしこの問題が ICJ に付託されたら ICJ はエジプト
　　の解釈が正しいと判示するだろうと指摘した。Ali Taha, *supra note* 34, pp. 343–347.

(40)　*British and Foreign State Papers*, vol. 99, p. 229. ニューヘブリデスのコンドミニウム
　　に関する最も精緻な分析は,O'Connell, *supra note* 6, pp. 71–145 においてなされている。

所，財政，土地登記，行政地区サービス，測量，官報，警察（英仏両警察が共同行動する場合），英仏の両総督が合意した他のサービスが挙げられる[41]。裁判システムについては，コンドミニウムの事項については共同裁判所が管轄を有するが，これとは別個に英国の裁判所とフランスの裁判所が並存し，英仏の裁判官は自国の裁判所の裁判官をつとめると同時に共同裁判所の裁判官もつとめた。共同裁判所に係属した事案の大半は，土地に関する紛争であった。共同裁判所は裁判長（中立国国民でなければならずスペイン国王が任命）と英仏両政府が任命した裁判官から構成された。2代目の裁判長の引退がなされたのは第2次世界大戦直前であり，フランスとスペイン（フランコ政権）の関係は悪化していたため，英仏両政府は，裁判長の職務は英国人判事とフランス人判事が共同で担うこと，判決において意見が一致しない場合には裁判長が復帰するまで判決を下さないことで合意した。裁判長はその後選任されることはなく，それゆえ裁判が機能しない場合もあった。共同裁判所が適用した法は，土地及び原住民の雇用については議定書の条項，原住民と非原住民との間の事案については非原住民の国内法，原住民間の事案については原住民の慣例であり，適当な事案においては法の一般原則，衡平，適当な契約法，被告の国内法及び共同規則を適用した。第1審裁判所の質の低さは嘆かわしいものであったとされる[42]。ニューヘブリデスは複数の民族集団を異なる管轄下に置くという意味での被領域的な分離に特徴があった[43]。

　ニューヘブリデスにおけるコンドミニウムにおいては，英国，フランス，合同という3つの行政庁による行政運営という複雑さも相俟って，しばしば混乱が生じた[44]。ニューヘブリデスは，1980年7月30日にバヌアツ共和国として独立することによって，74年に亘るコンドミニウムに終止符を打った。Jessup

---

[41]　O'Connell, *supra note* 6, pp. 93-95.

[42]　O'Connell, *supra note* 6, pp. 122-125.

[43]　Wolff, *supra note* 12, p. 208.

[44]　ニューヘブリデスにおける行政の実態については，Brian J. Bresnihan and Keith Woodward（eds.），*Tufala Gavman : Reminiscences from the Anglo-French Condominium of the New Hebrides*（Institute of Pacific Studies, University of the South Pacific, 2002）参照。

らはニューヘブリデスのコンドミニウムは失敗であったとし[45]，O'Connell は
コンドミニウムは創設するのは容易だが解散するのは困難であり，植民地独立
という最終決定後も法体系，社会構造及び知的環境における共同統治行政の後
遺症が残るだろうと指摘した[46]。

## D.　カントン島及びエンデベリー島

　ハワイの南方沖約3000キロにあるカントン島及びエンデベリー島（Canton
and Enderbury Islands）は，航空輸送の離発着にとって重要な価値を有するこ
とから英米両国が関心を有し，1939年4月6日の両国間の合意によりコンドミ
ニウムとなった[47]。同合意では，両国は両島に対する共同管理（joint control）
に合意する（1項），両島は特別の共同のアドホックな体制（spacial joint ad hoc
regime）に服する（3項），両島は国際航空用の空港として利用されるが米国
または英連邦において設立された航空会社のみが使用を許可される（4項），
空港は米国会社によって建設・運営され，英国の航空機・航空会社は対価の支
払と引き換えに米国の航空機・航空会社と同じ条件で利用できる（6項）と規
定した。合意の有効期間は50年とされたが（7項），1979年7月12日にキリバ
スが独立し，同年9月20日の米国とキリバスとの友好条約1条において，米国
は両島に対するキリバスの主権を承認したため，ここに40年に亘るコンドミニ
ウムは終了した。Jessup らは，両島におけるコンドミニムを成功例として指
摘する[48]が，空港という単一目的のためのコンドミニウムであったこと，ほぼ
無人地帯であったこと，英国と米国という基本的な価値観を共有しまた同一の

---

(45)　Jessup and Taubenfeld, *supra note* 32, p. 17.

(46)　O'Connell, *supra note* 6, p. 141. もっともこの指摘はバヌアツ独立後に大混乱は生じ
　　なかったという事実に鑑みると，必ずしも当を得たものではなかった。さらに O'Connell
　　は，英国は従属領域は人民の便益のために行政運営されるべきだとの哲学を有してきた
　　のに対して，フランスはニューヘブリデスにとどまりたかったのであって，ニューヘブ
　　リデスは主にフランスの経済的利益の問題であったと指摘する（pp. 142-143）が，この
　　指摘には英国人ならではのバイアスが多少ともあったことは否定できないであろう。

(47)　同合意につき, J. S. Reeves, Agreement over Canton and Enderbury Islands, *American
　　Journal of International Law*, vol. 33（1939），pp. 521-526.

(48)　Jessup and Taubenfeld, *supra note* 32, p. 18.

法圏に属する国家間のコンドミニウムであったことが，成功要因と考えられる。

### E. 樺　太

1855年2月7日に署名された日露通好条約（下田条約）2条においては，樺太は「日本国と魯西亜国との間に於て界を分たす是迄仕来の通たるへし」と規定された。帰属未決の地とされた樺太が既にこの時点でコンドミニウムと呼べるかどうかには異論もあろう（この点に関連して，4参照）。1867年3月18日に締結された日露間樺太仮規則では，前文において，ロシアの主張（①亜庭海峡をもって両国の境界とし，樺太全島をロシア領とする。②樺太での日本の漁業を従来通り認める。③ウルップ，チルポイ，ブラッ・チルポイ，プルトンの各島の日本への割譲を認める）につき日本が承諾しえないため，「樺太島は是迄の通り両国の所領と為し置き」と規定され，さらに細目が規定されたため，遅くともこの時点においては樺太は明確にコンドミニウムになったといえる。その細目には，争論・不和の裁断は双方の役人に任せる（1条），両国民とも全島往来が自由であり，建築も基本的に自由である（2条）といった規定も含まれた。樺太は，両国民（及び先住民）が雑居する中で，両国それぞれの機関が統治するという形態のコンドミニウムであった[49]。「日露雑居の地」といわれた樺太は法秩序の確立が困難な治安の悪い土地でもあった。1875年5月7日に署名された樺太千島交換条約により，樺太はロシア領となり，コンドミニウムとしての法的地位は終了した。

### F. 会　議　島

フランス南西部のアキテーヌ地方とスペイン北西部のバスク地方の国境にあるビダソア（Bidasoa）河の中州である会議島（Île de la Conférence）（ファザン島（Île des Faisans, Isla de los Faisanes）とも呼ばれる）は，両国の王族の社交の場として利用され，1659年11月7日の仏西平和条約（ピレネー条約）の署名地としても知られているが，複数国がある領域を同時に共同領有するという通

---

[49]　柳原正治「幕末期・明治初期の『領域』概念に関する一考察」松田竹男・田中則夫・薬師寺公夫・坂元茂樹編『現代国際法の思想と構造Ⅰ』（東信堂，2012年）64頁。

常のコンドミニウムではなく，時間的に区切って交互に領有するという形での
コンドミニウムの唯一の例として注目されるものである[50]。

　ピレネー条約では同島の法的地位自体は規定されなかったが，同島は両国の
共同領有だと認識されるようになった。共同領有であることを明記したのは
1856年12月２日の仏西境界画定条約（バイヨンヌ条約）[51]であり，同条約９条で
は，同島は両国に属し続けると規定し，また27条では同島はフランスとスペイ
ンに共有され，国境を接する両当局が同島での犯罪の抑圧のため協調し，また
両政府は同島を破壊から守るために一致して措置をとると規定した。さらに，
1901年３月27日の同島の管轄権の行使に関する仏西条約[52]では，１条において，
同島における警察権はフランスとスペインが交互に６ヶ月毎に行使すると規定
され，抽選で８月12日から２月11日まではフランスが，２月12日から８月11日
まではスペインが警察権を行使することとなった。２条では，同島におけるフ
ランス人及びスペイン人による違反に対しては，各本国の裁判所によって裁判
されると規定する。３条では，いずれかの国民の犯罪は同島において違反時に
警察権を有する国の裁判所において裁判がなされるが，フランス人又はスペイ
ン人が共同で行った事件においては，本国の裁判所が裁判を行うと規定する。
同島は無人状態であり，一般の立入は禁止されている。両国は単に同島を管理
する以上のことは行っていないが，１世紀以上にわたって輪番制で交互に管理
がなされてきた同島のユニークな存在自体が，国際関係における新たなコンド
ミニウムの可能性を示唆するものである。


　G.　ブルチコ
　ボスニア・ヘルツェゴビナ北部の都市であるブルチコ（Brčko）の法的地位
は，ボスニア・ヘルツェゴビナ内戦の和平合意である1995年11月21日のデイト

---

(50)　同島につき，Luis Careaga, *L'île des Faisans ou de la Conférence*（Casa Editorial Or-
　　 rier, 1932）; Jacques Descheemaeker, Une frontière inconnu, les Pyrénées de
　　 l'Océan a l'Aragon, *Revue générale de droit international public*, vol. 49 （1941–45），
　　 pp. 248–252参照。詳細は本書Ⅵ参照。

(51)　*Consolidated Treaty Series*, vol. 116, pp. 85–94.

(52)　*Consolidated Treaty Series*, vol. 189, pp. 311–313.

ン合意の附属書 2 （主体間の境界線及び関連問題に関する合意）の第 5 条（ブル
チコのための仲裁）において，「当事者はブルチコにおける主体間の境界線の係
争部分につき拘束力ある仲裁に合意する」（1 項）とされ，3 名[53]の仲裁人から
なる仲裁廷において決定されることとなった。仲裁手続は UNCITRAL 規則に
従ってなされ（3 項），決定は終局的で拘束力を有し，当事者は遅滞なく決定
を履行しなければならない（5 項）。

　仲裁廷は1999年 3 月 5 日，終局判断[54]を下した。そこで特に注目されるのは，
ブルチコ地域をいずれもボスニア・ヘルツェゴビナ共和国の下部機関であるス
ルプスカ共和国（セルビア系住民は多数）とボスニア・ヘルツェゴビナ連邦（ム
スリム系及びクロアチア系住民が多数）のコンドミニウムだと判示したことであ
る。即ち，「新たな地域の確立により，その境界内のすべての領域（つまり，
戦前のブルチコ自治体）は，スルプスカ共和国とボスニア・ヘルツェゴビナ連
邦の両主体による同時的なコンドミニウムの下におかれることとなる。スルプ
スカ共和国の領域もボスニア・ヘルツェゴビナ連邦の領域もブルチコ自治体全
域に及ぶ。しかしながら，両者は，同地域に境界内においていかなる権能も行
使せず，単一の政府として同区域の施政を行う。同地域内では既存の法律が，
監督者又は地域総会によって修正されない限り，適用され続ける。主体間の境
界線は，監督者が法的地位を失い存在しなくなったと決定しない限り，存在し
続ける。何らかの民族的基礎に基づく同地域のいかなる細分化も許容されない」
（Ⅱ-11）。この仲裁判断は，陸域の帰属をめぐる紛争の解決策としてコンドミ
ニウムを決定した初めての国際判例としても注目されるものである[55]。さらに，
ブルチコは経済的にも安定し，2003年までにはボスニアにおける 1 人当たり収

---

[53]　同条 2 項に従い，ボスニア・ヘルツェゴビナ連邦が選任した 1 名，スルプスカ（Srpska）
共和国が選任した 1 名，両者による合意が成立しなかったため ICJ 所長が選任した
Owen（米国）の 3 名からなり，Owen が主任となった。

[54]　Arbitral Tribunal for Dispute over Inter-Entity Boundary in Brcko Area, Final
Award, available at http://www.ohr.int/?ohr_archive=arbitral-tribunal-for-dispute-ov
er-inter-entity-boundary-in-brcko-area-final-award

[55]　同仲裁判断につき, Peter C. Farrand, Lessons from Brčko, *Emory International Law
Review*, vol. 15（20019, pp. 529–591；Christoph Schreuer, The Brčko Final Award of
5 March 1999, *Leiden Journal of International Law*, vol. 12（1999）, pp. 575–581.

入が最高の地区となった[56]。コンドミニウムが首尾よく行った注目すべき例と
して挙げることができよう。

### H.　ジブラルタル

　欧州とアフリカの結節点であるジブラルタル（Gibraltar）は，スペイン継承
戦争の講和条約である1713年のユトレヒト条約によって英国領となった。長年
に亘りスペインは返還を求めてきたが，1967年のレファレンダムでは住民の圧
倒的多数は英国への帰属を支持した。2002年11月7日に「ジブラルタルを英国
とスペインのコンドミニウムにする」という両国の提案に関してレファレンダ
ムが行われた。その結果，賛成は僅か187，反対17900であり，約99％の圧倒的
多数でこの提案は否決された[57]。大多数の住民が反対の意思表示をした要因と
しては，コンドミニウムは恒久的なものではなく，いすれはジブラルタルをス
ペインの主権下におきたいというスペインの意向に住民が用心して反対したと
考えれるが，同時にコンドミニウムという「未知」の制度に対する不安があっ
たことも否定できないと思われる。

### I.　フォンセカ湾

　中米のフォンセカ湾（Gulf of Fonseca）については，国際司法裁判所（小法
廷）が1992年年9月11日の「陸・島・海洋境界事件」（エルサルバドル対ホンジュ
ラス，訴訟参加ニカラグア）判決において，エルサルバドル，ホンジュラス，ニ
カラグラのコンドミニウム（及び歴史的湾）であると判示したことによって注
目された。同判決では，1917年3月9日の中米司法裁判所判決（エルサルバド
ル対ニカラグア）において，境界画定がなされていないからといって常に共同
体となる訳でないが，フォンセカ湾における共同体は沿岸国の継続的かつ平穏
な利用によって存在し続けてきたとして，フォンセカ湾を3か国のコンドミニ
ウムとする旨を判示したことを指摘し，ICJ自身もこの中米司法裁判所判決と

---

(56)　R. Judy Harry, The Brčko Arbitration, *in* Ulf Franke et al. (eds.), *Arbitrating for Peace*（Wolters Kluwer, 2016）, p. 185.

(57)　このレファレンダムにつき，Peter Gold, *Gibraltar : British or Spanish ?*（Routledge, 2005）, pp. 310–318.

同じく，フォンセカ湾を歴史的湾かつ 3 か国の共同主権に服するとする[58]。

## J.　チチカカ湖

　ボリビアとペルーに接するチチカカ湖（Lago Titicaca）については，1955年
7 月30日の両国大統領の共同宣言において，両国はチチカカ湖の水域について
分割不能の共同領有権を有し，両国間での明示された合意によってのみ利用で
きると述べた。両国大統領は「水域の使用のための予備的研究」の準備を二国
間委員会に命じた。1957年 2 月19日の協定において，この目的のための協定が
両国間で署名された。同協定では，このコンドミニウムを分割不能かつ排他的
なものであると定義し，両国は利用の便益を平等な割合で配分しなければなら
ないことで合意する。また，同協定では，相手国に比して大きな便益が生じた
場合に備えて補償基準を確立している。ペルー議会は同協定を同年に批准した
が，ボリビア議会が批准したのは1986年末であり，同協定の発効は1987年 2 月
20日であった[59]。

## K.　カスピ海

　1991年末のソ連崩壊まではイランとソ連が沿岸国であったカスピ海（Caspian
Sea）においては，船舶の航行及び漁業については両国間で一定の合意はあっ
たものの，カスピ海の法的地位そのもの（及び鉱物資源）については未決であっ
た。この未決状況は現在も続いている[60]。ソ連崩壊後は，沿岸国はイラン，ロ
シア（ソ連と継続性を有する同一の国家），カザフスタン，アゼルバイジャン，
トルクメニスタン（ 3 国はソ連からの独立国）の 5 か国が沿岸国となった。ロシ
アとイランは当初，カスピ海のコンドミニウムを主張したが，ロシアはカスピ

[58]　*ICJ Reports 1992*, pp. 593-601. なお，陸地と違って海域においては，*uti possidetis juris* 原則に従って水域を分割する試みはなされなかったと指摘される（pp. 601-602）。フォンセカ湾におけるコンドミニウムにつき，Christopher R. Rossi, *Sovereignty and Territorial Temptation* (Cambridge University Press, 2017), pp. 194-232.

[59]　Mario Francisco Revollo, Maximo Liberman Cruz and Alberto Loscano Rivero, *Lake Titicaca Experience and Lessons Learned Brief* (2006) at http://www.worldlakes.org/uploads/23_Lake_Titicaca_27February2006.pdf; Querol, *supra note* 22, p. 19, note 66.

海北部（ロシア沿岸の沖）にも石油・ガスが埋蔵されていることが判明すると態度を豹変して隣接国と境界画定合意を行うに至った。カザフスタンとアゼルバイジャンは隣接国とカスピ海の境界画定の合意を行い，積極的に海底油田・ガス田の開発を行ってきた。イランもかつてのコンドミニウムの主張は和らげ，カスピ海全体の20％のシェアが得られれば分割に同意する姿勢を示したこともある。22年に亘る交渉の末，2018年8月12日には沿岸5か国間でカスピ海の法的地位に関する条約が署名されたが，同条約では，境界画定については国際法に留意して合意により行うと規定する（8条1項）のみであり，境界画定自体はなされていない[61]。いずれにせよ，カスピ海がコンドミニウムとなる可能性は低いが，ロシアがカスピ海をコンドミニウムとすべきと当初主張した理由は，そうしないとカスピ海の環境保護が図られないというものであった[62]。しかしながら，共有地にしないと環境保護が図られないという主張は詭弁以外の何物でもない[63]。

## 4　省　察

以上を踏まえた上で，以下の8点を指摘しておきたい。

第1に，El Erian が既に1952年の著作[64]で正しく指摘したように，「コンドミニウムは一時的な解決であって，時代遅れのシステムである」という時にな

---

[60]　カスピ海の法的地位につき，拙稿 Oil and Gas in the Caspian Sea and International Law, in Nisuke Ando, Edward McWhinney and Rüdiger Wolfrum (eds.), *Liber Amicorum Judge Shigeru Oda*, Vol. 2 (Kluwer, 2002), pp. 1103–1114；Barbara Janusz-Pawletta, *The Legal Status of the Caspian Sea* (Springer, 2007).

[61]　同条約につき，拙稿「カスピ海の法的地位に関する条約」ジュリスト1524号（2018年）62–63頁。

[62]　UN Doc.A/49/475 (5 October 1994).

[63]　尾篭な比喩だが，家庭のトイレと共同トイレのどちらが汚いかを比較すれば，環境保護が懸念されるのは共有地に「しない」場合ではなく「する」場合であることは明らかであろう。

[64]　Abdalla A. El Erian, *Condominium and Related Situations in International Law* (Fouad I University Press, 1952), pp. 4–5.

される指摘は当を得たものとはいえない。3のA.でみたアンドラは700年以上,中立モレネ（注21）は1815年から1919年までの104年間,3のF.の会議島は160年以上,3のC.のニューヘブリデスは1906年から1980年の74年間,コンドミニウムであった。必ずしも時代遅れのシステムではないことについては,G.ブルチコの実例が示している通りである。

　第2に,コンドミニウムの運営は,陸域よりも水域の方が,また有人地域よりも無人地域の方が,首尾よく行く可能性が高いと一般には考えられる。Núñezは,コンドミニウムは無人領域の場合や有人領域であっても特有の理由がある場合（例えば,河川の両岸の住民の経済的交流が強いゆえ共同領有が両国にとって経済的利益となる場合）に限ってのみ合理的な解決になるかもしれないと指摘する[65]。陸域や有人地域の方が,水域や無人地域よりも,より多くの活動が行われため,共同領有国間での摩擦も増大することは半ば当然ともいえる。もっとも陸域かつ有人地域におけるコンドミニウムであっても,状況次第では首尾よく行くことも同時に指摘しておくべきであろう。3でみた陸域のコンドミニウムの諸例のうち,A.アンドラ,D.カントン島及びエンデベリー島,F.会議島,G.ブルチコがうまく運営された例といってよいが,このうちA.とG.は有人地域,D.は無人に近い地域,F.は無人地域であった。陸域の有人地域におけるコンドミニウムが首尾よくための不可欠な前提条件としては,①共同領有国間及び住民間の全般的な関係が友好的であること,②法の支配が尊重されること,の2点が満たされていることだと考えられる。

　第3に,コンドミニウムの確立時点について。3のE.で樺太についてみたように,ある領域が境界未画定,共有,雑居の状態にあることだけをもってコンドミニウムとして確立したといえるのか,そうではなくてコンドミニウムの確立には具体的に共同行政について何らかの一定の合意がなされることを要するのかという問題が存在する。この問いに関する明確なルールは存在しないと思われるが,前者に関しては,「未成熟のコンドミニウム」乃至「コンドミニ

---

(65)　Jorge E. Núñez, *Sovereignty, Conflict and International Law and Politics* (Routledge, 2017), pp. 91–92.「河川の両岸の住民の経済的交流が強いゆえ共同領有が両国にとって経済的利益となる場合」の例としては,2でふれたEms-Dollat河口,モーゼル川,パラナ川等が挙げられよう。

ウムの可能性」にとどまり，とりわけ単に境界未画定の状況でコンドミニウム
が確立されたとは到底言えない。この時点でコンドミニウムとして確立したと
いえるためには，共同主権を行使することについての両国家の意思が立証でき
ることが必要である。この意味で，確立時点は基本的に後者（「真のコンドミニ
ウム」といってよい）を基準として考えるのが妥当乃至安全であり，樺太につ
いては1855年ではなく1867年に確立したと解せられる。別の例を挙げると，サ
ウジアラビアとクウェートの国境地帯にある中立地帯（Neutral Zone）は，1922
年12月2日の両国間の境界に関する協定（Uqair Protocol）[66]において，「両政府
間でシェアされるものと考えられる」と規定した。その後，サウジアラビアは
共同行政の具体案（①両国から2名ずつからなる行政理事会を創設し，各理事は本
国に責任を有する，②行政理事会は安全，司法，出入国等，すべての分野において
政府権能を有する，③両政府は同数の裁判官及び官吏を任命する）をクウェートに
提示したが，クウェートは複雑かつ非現実的だとしてこれを拒絶し，結局，1965
年7月7日に両国は中立地帯を分割する合意に署名した。Al-Baharna はサウ
ジアラビアの提案を「真のコンドミニウム」のシステムを確立しようとしたも
のであったと指摘する[67]。

　第4に，Wolff は，コンドミニウムを「共同主権（型のもの）」と「分割主権
（型のもの）」に分けて次のように説明する。前者は，アンドラのように現地の
政府による共同直接統治であるのに対して，後者は，ニューヘブリデスのよう
に各コンドミニウム権力が（領域分割はしないものの）各々の市民・臣民に対し
て至高の権限を有し（属人主義），他の住民は自らが望む方の管轄に服するか
共同統治に服するかを選択できるとする。Wolff は両者の相違を検討し，コン
ドミニウムは領域紛争を伴う民族自決をめぐる紛争の潜在的解決になりうると
指摘した上で，領域紛争がより重要であって重大な民族紛争がない場合や領域
的自治政府の創設で紛争が解決できる場合には，前者の「共同主権」モデルが
有用であるとし，他方，民族紛争がより重要であって領域的自治の安定的な合

---

(66)　*UNTS*, vol. 1750, p. 533（No. 1083）.

(67)　Husain M. Al-Baharna, *The Arabian Gulf States : Their Legal and Political Stutus and Their International Problem*（Second revised edition, Librairie du Liban, 1975）, pp. 272-273.

意が達成できない場合には，後者の「分割主権」モデルの方がよいと指摘する[68]。非常に興味深い見解ではあるが，現実には，小規模の領域であったり無人地帯であったりしない限り，共同主権国間の諸利害の調整の結果としてコンドミニウムが合意される以上，領域紛争，民族紛争いずれの要素がより強い場合においても，後者のモデルが採用される可能性の方が高いと考えられる。

　第5に，コンドミニウムは，領土紛争解決の手段として議論されることはこれまでほぼ皆無であったが，21世紀の領土紛争解決の一手段となる可能性を空想的だとして切って捨てることは控えるべきであろう。3でみた陸域のコンドミニウムの諸例のうち首尾よく行ったもの（A. アンドラ，D. カントン島及びエンデベリー島，F. 会議島，G. ブルチコ）や2でふれた Ems-Dollat 河口，モーゼル川，パラナ川等の成功例は，一縷の望みを抱かせ得るものである。もっとも，3のC. のニューヘブリデスにおける運営の混乱，B. のスーダンの偽装された植民地，H. のジブラルタルにおけるコンドミニウム構想の挫折に鑑みると，コンドミニウムを外交政策のオプションとして考えることにはよほど慎重でなければならない。ブルチコのコンドミニウムは首尾よく運営がなされてきたが，多民族が同居する地域において民族間の潜在的対立がある領域で安易にコンドミニウムを導入すると，ボスニア・ヘルツェゴビナがかつてのユーゴ内戦において経験したような「民族浄化」が生じかねず，結局「救済的分離」を要するという事態にも至りかねないため，「第2に」において指摘した前提条件が満たされない限り，コンドミニウムは採用すべきではない。

　第6に，国際裁判におけるコンドミニウムの認定について。既に3のI. でみたように水域ではフォンセカ湾が，3のG. でみたように陸域ではブルチコが，国際裁判においてコンドミニウムとして認定された。特に後者は，訴訟当事国のいずれも当該領域をコンドミニウムとするよう求めていないのに国際裁判所が職権でコンドミニウムと認定した例としても注目される。もっとも，領域の帰属や境界の画定を求められた国際裁判所がこのような判断をすることが裁判所の管轄外の行為とならないかどうかは，裁判付託合意次第でもある。また，判決本文においてではなく，傍論においてコンドミニウムを望ましい解決

---

[68]　Wolff, *supra note* 12, p. 208.

策として言及（勧告）することも考えられよう。

　第7に，Ostrom の学説について。Samuels は Ostrom の学説を引いて，共同プール資源（common pool resources, CPR）の運営が成功した4か国の集落（スイスの Torbel，日本の平野村，長池村，山中村，スペインの Valencia, Morica/Orihuela, Alicante, フィリピンのいくつかの灌漑共同体）に共通する8つの原則（①明確に範囲が画定されている，②占有・提供ルールと地域条件とが適合している，③集合的選択の取り決めがある，④モニタリングがなされている，⑤段階的制裁がある，⑥紛争解決メカニズムがある，⑦組織化する権利の最低限の承認がある，⑧多層的に張り巡らされた事業となっている）が国家間のコンドミニウムにおいても参考になるとする[69]。興味深い見解ではあるが，Ostrom の公共財・CPR の自主管理の長期間持続する制度の8条件をコンドミニウムにそのままあてはめるのは楽観的すぎる。たとえ8条件を一応満たす場合であっても，政治体制や経済条件の異なる国家が共同主権者である場合には，コンドミニウムはおよそうまく運営できないという明白な事実を何ら説明していないのであり，8条件は必要条件ではあっても十分条件ではないと考えるべきであろう。

　第8に，コンドミニウムの「罠」について。政治体制や経済体制の異なる国家間でコンドミニウムにつき合意することは容易ではなく，たとえ合意したとしても運営が首尾よく行くことは一層難しい。さらに注意しなければならないことは，そのような異質の国家とともにコンドミニウムを運営するとなると，法の支配があり経済状況が進んだ国家の側がコンドミニウムの運営をめぐる諸問題のために結局，巨大なコストを負担することになりかねないということである。国家責任の観点からは，多くの場合において共同責任を負うことを覚悟しなければならない。「第4に」でみた「共同主権」型コンドミニウムの場合は勿論のこと，「分割主権」型のコンドミニウムであっても，相手国のみに責任があるという抗弁が認められる（第三者対抗力を有する）保証はない[70]。外交

---

(69)　Joel H. Samuels, Condominium Arrangements in International Practice : Reviving an Abandoned Concept of Boundary Dispute Resolution, *Michigan Journal of International Law*, vol. 29（2008），pp. 770-771. Ostorum の著作は，Elenor Ostrom, *Governing the Commons*（Cambridge University Press, 1990），pp. 58-102. なお，Ostrom は2009年ノーベル経済学賞受賞者である。

政策の選択肢としてコンドミニウムを検討する場合には，このような「罠」にも十分留意することが求められよう。

---

(70)　この点に関して注目されるのが，コンドミニウムについてではないが国際共同事業から生じる国家責任が問題となった2007年1月30日の「ユーロトンネル事件」仲裁判決である。同判決では，英仏の国際共同事業であるユーロトンネルの事業運営に関して，一見すると自国（英国）には責任はなく専ら相手国（フランス）のみが責任を負うと思われる状況においても，双方に国家責任が生じる（但し賠償額は異なる）とした。同判決につき，拙著『もう1つの国際仲裁』（東信堂，2022年）53-72頁。コンドミニウムの場合には，一層，共同責任が認定される可能性が高いといえよう。

# VIII 日本の領土関連問題と国際裁判対応

## 1 はじめに

　本章においては，第1に，日本の領土関連問題である北方領土，竹島，尖閣諸島の領有権問題がもし国際司法裁判所（ICJ）や国際仲裁裁判で争われて本案に進んだとしたら，良識的な裁判官はどのような判断を示すことが期待されるだろうかについて2で指摘するとともに，第2に，国際裁判（領域関連裁判に必ずしも限定されない）に首尾よく対応するために有用と思われる点を3で指摘する。

　第1の点については，2014年度に日本国際問題研究所において検討する機会があり[1]，2は基本的にそこでの検討に基づく要旨のみを記すものである。次の3点をあらかじめお断りしておきたい。

　① いうまでもなく，日本政府が領土紛争があると認めているのは北方領土と竹島の2つのみであって，尖閣諸島については領土紛争はないというのが政府の立場である。私自身も同じ見解である[2]。PCIJ「マブロマチス・パレスタイン事件」判決（1924年）では，「紛争」とは「法又は事実の点に関する不一致，二者間の法的見解又は利益の抵触である」とされ[3]，また，ICJ「平和条約の解釈」勧告的意見（1950年）では，「国際紛争が存在するか否かは客観的決定がなされるべき事項である。単に紛争の存在を否定したからといってそれが存在しなくなる訳ではない」とし[4]，これらの判示だけを見ると一方当事国

---

(1) 筆者は同研究所の同年度の「領土・海洋・空に関する国際法および国際慣行」研究会の主査をつとめた。

(2) 外交の現実では実効的支配をしている側は「紛争はない」と言い，実効的支配を奪われていると感じている側は「紛争はある」と言うのがむしろ通例である。また紛争当事国は客観的第三者と紛争の存否について同じ見解を示す必要は勿論ない。

(3) *PCIJ, Ser. A*, No. 2, p. 11.

が紛争があると言えば紛争が存在するようにも思われる。しかしながら，より
的確な指摘をした ICJ「南西アフリカ事件」判決（1962年）にも留意すべきで
ある。即ち，同判決では，「一方の当事国が他方の当事国との間で紛争が存在
すると主張するだけでは不十分である。単なる紛争の存在の否定が紛争の不存
在を立証するのに不十分であるのと同様に，単なる主張は紛争の存在を立証す
るのに不十分である。一方の当事国の要求が他方の当事国に対して確実に対抗
できることが立証されなければならない」(5)という正当な指摘をしている。換
言すれば，一応の根拠（*prima facie basis*）さえ有しない過大な一方的要求は無
効なものとして扱うべきであろう。この基準に照らすと，尖閣諸島について紛
争は存在しないという日本の主張は国際判例にも合致したものである。なお，
日本が実効的支配をしている尖閣諸島について，日本側から中国側に国際裁判
への付託を提案することは，外交政策上およそ賢明とは言えない(6)。

　②　北方領土については，日本は1972年10月にソ連に対して，竹島について
は，日本は1954年９月，1962年３月，2012年８月の３回にわたり韓国に対して，
領有権問題の ICJ への付託を提案したが，ソ連，韓国はこれを許否した。これ
ら２つの問題が国際裁判所で争われる見込みはまずないが，国際法の解釈・適
用を確認しておくことは外交上も有意義であろう。

　③　紙幅の制約もあり，本章では国際判例の該当箇所のみ引用し，関連文献
の引用は基本的に省略する(7)。

---

(4)　*ICJ Reports 1950*, p. 74.

(5)　*ICJ Reports 1962*, p. 328.

(6)　国際裁判が多少とも「水物」であることは，ICJ「捕鯨裁判」判決（2014年）におけ
　　る予想外の実質的敗訴という苦い教訓からも明らかであろう。但し，中国に対して，「日
　　本と同様に ICJ の強制管轄受諾宣言をしませんか」と促し，「宣言をした上で，訴えた
　　かったら尖閣諸島の領有権問題をどうぞ訴えて下さい」と言うことは，現実には中国が
　　同宣言をすることはおよそ想定し難いものの，中国に「法の支配」への尊重を促すとい
　　う意味でも外交政策上も悪くない提案であろう。

(7)　主要文献については，http://www2.jiia.or.jp/RYOD/を参照されたい。

## 2　日本の領土関連問題が国際裁判で争われたら

### A　北　方　領　土

　日本政府は，北方領土（択捉島，国後島，色丹島，歯舞群島）は歴史的に外国の領土になったことはないという立場をとっている。領土問題に関する両国間の最初の合意である1855年の日露通好条約においては，当時自然に成立していた両国の国境を確認する形で，択捉島とウルップ島との間に国境が引かれた。日露間においては，1875年の樺太千島交換条約により，日本は千島列島（シュムシュ島からウルップ島までの18島）を譲り受けるかわりに，ロシアに対して樺太全島を譲り渡し，さらに日露戦争の結果締結された1905年のポーツマス条約により日本は南樺太の割譲を受けたが，千島列島の法的地位は両条約により何ら変更されなかった。

　これに対して，ソ連・ロシアは，1945年のヤルタ協定において千島列島の引き渡しが約されたこと，及び，1951年のサンフランシスコ平和条約第2条(c)で日本が千島列島に対する権原を放棄したことを根拠にして，自らの権原を主張する。1945年8月9日，ソ連は日ソ中立条約に違反して対日参戦し，14日に日本がポツダム宣言を受諾した直後の18日に千島列島の占領を開始し，28日から9月5日までの間に北方領土を占領し，それ以降，不法な物理的占拠を継続している。

　しかし，ヤルタ協定は秘密合意であり，戦後の日本の領土に関する当事国の最終決定をなすものでもなく，かつ日本は同協定の当事国ではない。また，同協定は領土移転に関する法的効果を持つものでもない。

　北方領土をめぐる国際法の解釈上の最大の論点は，サンフランシスコ平和条約第2条(c)で日本が放棄した「千島列島」（Kurile Islands）の範囲如何（放棄した「千島列島」に択捉島，国後島，色丹島，歯舞群島が含まれてしまうか否か）というものである。この点につき，まず指摘できることは，ソ連は同条約の締約国ではない（サンフランシスコ講和会議を途中でボイコットして署名しなかった）ため，同条約の解釈権限を一切有していないということである。PCIJ は，「ヤウォリナ事件」勧告的意見（1923年）において，条約の有権的解釈権を有するのは条約を修正したり削除したりする権限を有する国（つまり条約締約国）の

みである旨を判示している<sup>(8)</sup>。歴史的経緯や日ソ両国の言動に鑑みると，同条項における「千島列島」はウルップ島以北の諸島に限定され，択捉島，国後島，色丹島，歯舞群島は含まれないと解せられるが，同条約の放棄の範囲について（百歩譲って）たとえ不明確な点があるとしても，国際法上，放棄は推定されず，狭義に解釈される。「放棄の範囲について疑いがある場合には，放棄者に有利な意味において解釈されなければならない」旨が，「Campbell 事件」仲裁判決（英国対ポルトガル，1931年）<sup>(9)</sup>及び「インド・パキスタン西部国境（Rann of Kutch）事件」仲裁判決（1968年）<sup>(10)</sup>において指摘されているのである。それゆえ，放棄した「千島列島」はウルップ島以北の諸島に限定され，択捉島，国後島，色丹島，歯舞群島は含まれないという解釈が合理的な解釈となる。

　北方領土問題の決定的期日（critical date）をいつに求めるかは争いがあるものの，1945年8月下旬のソ連による占拠開始時点に求めるのが有力な見解である。従って，それ以降に行われた北方領土における諸行為は，領域権原の帰属を決定するに当たって影響を及ぼさない。

## B 竹　島

　日本政府の立場は，日本は古くから竹島の存在を認識し，遅くとも17世紀半ばには竹島の領有権を確立したというものである。1905年1月の閣議決定により，日本は竹島を領有する意思を再確認した。この閣議決定は，1905年の日韓保護条約及び1910年の日韓併合条約の締結とは無関係になされたものである。さらに日本はその後も竹島でのアシカの捕獲を許可制にして，これを第二次世界大戦によって1941年に中止されるまで続けるなど，主権者として実効的支配を続け，十分な期間にわたる継続的かつ平穏な主権の表示を行ってきた。「当該領域に対する国家の機能の継続的かつ平穏な表示は領域主権の構成要素であるとの原則」及び「発見は未成熟の権原にすぎず，領域主権の確立のためには，合理的期間内に実効的占有によって補完されなければならない」旨を指摘した「パルマス島事件」仲裁判決（1928年）<sup>(11)</sup>の基準に従えば，竹島に対する日本の

---

(8)　*PCIJ Ser. B*, No. 8, p. 37.

(9)　*Reports of International Arbitral Awards*, vol. Ⅱ, p. 1156.

(10)　*Reports of International Arbitral Awards*, vol. ⅩⅦ, p. 565.

主権は国際法上，確立されたといえる。

1951年9月のサンフランシスコ平和条約第2条(a)において，日本は「済州島，巨文島及び鬱陵島を含む朝鮮」を放棄したが，これらの領域の中に竹島は含まれない。同年8月，米国のラスク極東担当国務次官補はヤン韓国駐米大使に対して，「竹島に関しては，この通常無人である岩島は，朝鮮の一部として取り扱われたことが決してなく，1905年頃から日本の島根県隠岐島支庁の管轄下にある。この島は，かつて朝鮮によって領有権の主張がなされたとはみられない」と明確に回答したのである。さらに，万が一放棄の範囲について疑いがあるとしても，国際法上，放棄は推定されず，放棄者に有利な狭い意味において解釈されなければならないことは，「A 北方領土」の中で指摘した通りである。

竹島に関する紛争の決定的期日については見解の相違があるが，遅くとも1952年の李承晩ラインの公布時点だと考えられる。1952年の李承晩ラインは，そもそも国際法に違反する過大な一方的要求であると評価されるが，同ラインや，その後の韓国による竹島の物理的占拠等が，領域権原の帰属決定に関して何らかの効果を有することはない。国際法上，「違法行為から権利は生じない」(*ex injuria non oritur jus*) のである。

## C 尖 閣 諸 島

日本政府の立場は，日本が1895年の閣議決定により無主地であった尖閣諸島を沖縄県に編入したことをもって，同諸島に対し先占による権原を取得したというものである。国際法上，先占の要件は，無主地に対して，主権者としての領有の意思を表明し，実効的支配を行うことであるが，尖閣諸島についてその要件は充足されている。また，編入の際に日本は近隣諸国に対する通告を行っていないが，先占に基づく領域取得のために他国への通告が一般国際法上の要件とまではいえない旨が「クリッパートン島事件」仲裁判決（1931年）[12]において示されている。この閣議決定は，日清戦争とは無関係に，かつ，下関条約の

---

(11) *Reports of International Arbitral Awards*, vol. II, pp. 839-840, 845-846.

(12) *Reports of International Arbitral Awards*, vol. II, p. 1110.

締結以前になされたものであり，同条約で日本に割譲された台湾及びその附属島嶼に尖閣諸島は含まれない。

　これに反論する中国政府の主張は，事実及び国際法上の根拠を欠く。中国は冊封使録を援用して尖閣諸島について中国の歴史的権原が認められるというが，そのような権原は国際法上認められていない。また，尖閣諸島の含まれた地図が証拠として用いられることがあるが，ICJ「ブルキナファソ・マリ国境紛争事件」判決（1986年）[13]は，地図はそれ自体では領域主権を確立するものではなく，公文書に添付されているといった特定の場合を除いては付随的な証拠にすぎない旨を指摘している。

　中国側は，日本が閣議決定により尖閣諸島を沖縄県に編入してから1970年頃までの約75年もの間，尖閣諸島に対する自らの領有権を主張してこなかった。4分の3世紀にもわたる長期間の沈黙は，国際法上，黙認（acquiescence）を構成する[14]。ICJ「寺院事件」判決[15]（1962年）が指摘するように，「抗議をなすべきであり，かつそれが可能な場合に，沈黙をした者は黙認をした者とみなされる」（*Qui tacet consentire videtur si loqui debuisset ac potuisset*）。さらに，1920年5月に中華民国駐長崎領事が，遭難した中国漁民を助けた日本人に宛てた感謝状の中で「日本帝国沖縄県八重山郡尖閣列島」と記載した事実や，1953年1月8日の人民日報において「尖閣諸島は琉球諸島に含まれる」旨の記事が掲載された事実は，尖閣諸島が日本領であることを中国側は「黙認」したにとどまらず「承認」したとさえ言っても過言ではない。これらのことから，中国が尖閣諸島について自らの権原を主張することは，国際法上の根拠を欠くと同時に禁反言（estoppel）の法理に反し，認められるものではない。


## 3　国際裁判対応に関するメモ

ここでは，国際裁判一般に首尾よく対応するために有意義と思われる事項を，

---

(13)　*ICJ Reports 1986*, p. 582.

(14)　「ドバイ・シャルジャ境界画定事件」仲裁判決（1981年）では，7年後の抗議では遅すぎると指摘する。*International Law Reports*, vol. 91, p. 649.

(15)　*ICJ Reports 1962*, p. 23.

以下，7点にわたって指摘することにしたい。

第1に，国際裁判所は，（日本の最高裁のような法律審とは異なり）法律審であると同時に事実審でもあるという事実を十分に認識する必要がある。特に領有権紛争に関しては，過去の文書をもって領域権原の存在をより説得的に示すことが勝敗を分けることは少なくないと考えられ，事実認定と証拠が特に重要である。立証責任に関しては，請求国が請求事項に関して立証責任を負う（*onus probandi actori incumbit*）のが原則であるが，国際裁判所が立証責任の（事実上の）転換をすることもあり，これが勝敗を分けることもありうるため，特に注意が必要である。

第2に，国家の言動及びその一貫性と矛盾の評価が勝敗に影響を及ぼすこともあることに留意する必要があるため，国際裁判に際しては，相手国の言動とその矛盾を突くともに，相手国に揚げ足をとられないように普段から言動には十分留意する必要がある[16]。これに関連して，次の3点を指摘しておきたい。①国家に責任が帰属する国家機関の行為は行政府の行為に限られず，立法府や司法府の行為も含まれる[17]。②ICJ「核実験事件」判決（1974年）において判示されたように，国家機関による一方的宣言は，「公に発せられ，かつ拘束される意図を有する場合には，国際交渉の文脈でなされなくても，拘束的である」[18]。③国家の前の言動と後の言動の非一貫性・矛盾に関しては，禁反言（estoppel）が問題となる。国際法上の禁反言は，国家の前の言動と後の言動が相

---

[16]　例えば，日本がオーストラリアに敗訴したICJ「南極における捕鯨」事件においては，2012年10月23日衆議院決算行政監査委員会行政監査に関する小委員会における「ミンクというのは，お刺身なんかにしたときに非常に香りとか味がいいということで，重宝されているものであります。」との水産庁長官の発言を，オーストリアが日本に不利な証拠として援用した所，2014年3月31日の判決の中で「ミンククジラの価値に関して，裁判所はこの発言に留意する」（*ICJ Reports 2014*, p. 285）と判示されてしまった。

[17]　「国家責任条文」（2001年）4条は，「いかなる国の機関の行為も，当該機関が立法，行政，司法その他のいずれの任務を遂行するものであるか…を問わず，国際法上当該国の行為とみなされる」と規定する。

[18]　*ICJ Reports 1974*, p. 267. 同様に，「一方的宣言に関する指針」（本書Ⅱ参照）の1においても，「公表され，かつ，拘束される意図を表明する宣言は，法的義務を生ずる効果を有することがある」と規定する。

反する場合，後の言動により当該国の相対的地位を有利に変更することを禁止することによって，信頼して行動した相手国を保護するものである。その要件と効果は国際判例において必ずしも明確には示されていないが，2015年3月18日の「チャゴス諸島海洋保護区事件」仲裁判決（モーリシャス対英国）[19]では，禁反言を「法の一般原則」だと指摘した上で，これまでの国際判例をまとめる形で，次の4要件を満たす場合には禁反言の援用が可能であると指摘した。a. 国家が言葉，行動又は沈黙によって明確且つ一貫した表示を行った。b. 当該表示は当該事項に関して国家を代表して意思表明する権限のある機関によってなされた。c. 禁反言を援用する国家は当該表示に誘発されて，自国に不利に行動し，損害を被り又は表示国に便益をもたらした。d. 表示は当該国にとって依拠するに値するものである以上，当該信頼は正当なものであった（パラグラフ438）。

　第3に，第1に及び第2で述べたこととも関連するが，「国際裁判所は国際法を了知している」（*jura novit curia*）ため，国際法に関する主張の巧拙は勝敗を当然左右しうるものの，立証は法的には必要ない反面，事実や国内法は了知しないため立証が必要である。訴訟当事国としては，独創的な法律構成を展開する必要は一般にはなく，自国に都合の良いかつ無理のない「ストーリー」を関連証拠から論理的かつ説得的に組み立てることが重要である。

　第4に，このような「ストーリー」の創出・展開に不可欠なのが，国際裁判に熟練した人員である。訴訟代理人（Agent）はICJでの裁判に関しては自国の外務省法律顧問や駐蘭大使がつとめることが多かったが，国際裁判においては，ごく一握りの米国人弁護士や欧州の国際法教授等が訴訟当事国から高額で雇われて常連の弁護人（Counsel and Advocate）となっている。最近は国際裁判における訴訟手続においても英米法の影響が増大しているように見受けられるため，彼らの中でも例えば交互尋問（cross-examination）に熟練した英米法系の弁護人が特に有用と考えられる。もっとも彼らの1人であれば誰でもよいという訳ではなく，得意・不得意分野，勝率，利益相反の有無，他の弁護人らとの相性等を総合的に判断した上で選任する必要がある（相手国にとられてし

---

(19)　https://pca-cpa.org/en/cases/11/

まうこともあるため選任は早急に行う必要がある）。なお，関係者間の主張に齟齬
があると致命的な弱点となってしまうため，チームリーダーとしての代理人の
役割が特に重要であることはいうまでもない。

　第5に，2においても指摘したように，日本の領土関連問題の検討において
特に重要な法的意義を有するのが，放棄の範囲をめぐる解釈である。この点に
ついては，「放棄は権利の消失であるから，その意図は厳格に解釈されるべき
であり，疑いがある場合には，放棄者に有利な意味において解釈されるべきあ
る」という学説[20]が，2でみた国際判例にも合致した合理的な考え方である。

　第6に，友好（通商航海）条約のような今日では看過されている条約が国際・
国内裁判において判断の基礎となったり（ICJ「シシリー電子工業株式会社事件」，
「イラン人質事件」，「ニカラグア事件」，「油井やぐら事件」）[21]，また，注目されて
いないものの「最善努力義務」（best efforts obligation）が単なる道義的責務で
はなく国際法上の義務として国際裁判の行方を左右した（1992年の「ヒースロー
空港使用料事件」仲裁判決）こともある[22]ため，領域関連裁判においても領域以
外の分野の国際法ルール全般（とりわけ上記のような目立たないが現存するもの）
に十分に目を向けることを怠ってはならない。

　第7に，国際裁判は現実には「綺麗ごと」では済まない場合もあることに関
連して，次の3点を指摘しておきたい。

　① 領域関連問題が国際裁判になった場合には，証拠価値を有する資料・史
料は非常に重要であるが，資料・史料が捏造されたとしてその信憑性が深刻な

---

[20]　Eric Suy, *Les actes juridiques unilatéraux en droit international public* (LGDJ, 1962),
　　p. 185. 国際法における放棄一般については，拙著『国家による一方的意思表明と国際
　　法』（信山社，2021年）113-122頁参照。

[21]　この点につき，拙著『ロースクール国際法読本』（2013年，信山社）104-115頁参照。

[22]　「ヒースロー空港使用料事件」仲裁判決につき，拙著『航空経済紛争と国際法』（信山
　　社，2022年）101-107頁，154-163頁参照。なお，境界未画定の排他的経済水域・大陸棚
　　における一方的資源開発に関連する規定である国連海洋法条約74条3項及び83条3項も
　　最善努力義務の規定である。同規定の解釈・適用が論点となったガイアナ・スリナム仲
　　裁判決（2007年）については，拙稿「境界未画定海域における一方的資源開発と武力に
　　よる威嚇 ── ガイアナ・スリナム仲裁判決を参考として」柳井俊二・村瀬信也編『国際
　　法の実践（小松一郎大使追悼）』（信山社，2015年）519-538頁参照。

問題になったことがある。ICJ「カタール・バーレーン間の海洋境界画定及び領域問題」事件において，カタールの申述書（Memorial）において81もの偽造された文書が援用されていたことがバーレーンの指摘によって明らかとなった（カタールは後にこれらの文書を撤回した）[23]。

　② 国際刑事裁判所（ICC）とは異なり，ICJや国際仲裁裁判においては違法収集証拠が明示的には排除されていない。ICJは「コルフ海峡事件」判決（1949年）において，英国による掃海行動をアルバニアの主権を侵害すると判示したが，掃海行動によって得られた水雷に関する証拠を採用した。違法収集証拠が採用される可能性が皆無とはいえないとなると，たとえ違法な手段を用いてでも自国に少しでも有利な証拠を収集しようと考える国があっても不思議ではない。

　③ 極めて稀ではあるが，当事国や仲裁裁判官の不適切と思われる行動ゆえに，仲裁裁判自体の信頼性が毀損される例もない訳ではない。(1) サウジアラビアと英国の間で領有権が争われ1950年代に仲裁となった「ブライミ・オアシス」事件においては，サウジアラビアの仲裁裁判官が同国の高官であって裁判官の独立に反する，ブライミの人民に不当な圧力を加えたといった疑念が高まり，5名中3名の仲裁裁判官が辞任するといった事態となり，仲裁廷は休会となり再開されることはなかった。(2) クロアチア・スロベニア間での領土・海洋紛争に関する仲裁においては，スロベニアが選任した仲裁裁判官がスロベニア政府の代理人と共謀して他の仲裁裁判官をスロベニアに有利に導こうとしたのではないかとの疑いが強まった。スロベニアが選任した仲裁裁判官とスロベニア政府の代理人は辞任したが，クロアチアは仲裁合意の重大な違反があったとして仲裁裁判の終了を主張した。2016年6月30日の部分裁定[24]では，スロベ

(23)　この点につき，*Counter-Memorial submitted by the State of Bahrain*（Merits），vol. 1, pp. 2–6（31 December 1997）；*Reply submitted by the State of Bahrain*（Merits），vol. 1, Section 1.1（30 May 1999）；*Michael Reisman and Christina Skinner, Fraudulent Evidence before Public International Tribunals : The Dirty Stories of International Law*（Cambridge University Press, 2014），pp. 163–192；Jawad Salim Al-Arayed, *A Line in the Sea*（North Atlantic Books, 2003），pp. 355–393参照。

(24)　https://pca-cpa. org/en/cases/3/

ニアによる仲裁合意の違反は仲裁裁判を終了させるほどの重大な違反とまでは言えないとして，仲裁手続は継続する旨を判示した。2017年6月29日には最終裁定が出されたが，クロアチアはその内容を不満として同裁定には従わないとの意向を示している。

　上記の3点に鑑みると，我が国とは全く異なる行動原則に基づいて行動する国家を相手にする国際裁判においては，このような「負の側面」にも十分に留意する必要がある。

　［追記］① 本章と同趣旨の拙稿として，内閣官房領土・主権対策企画調整室のホームページ内の研究・解説サイトに掲載の「尖閣諸島，竹島，国際裁判」，「国際法から見た北方領土問題」，The Senkaku Islands, Takeshima and International Adjudication, The Northern Territories from the Perspective of International Law，及び，2021年1月16日のJAPAN Forwardに掲載のJapan's Three Territorial Problems Viewed Under the Glare of International Lawがある。
② 2022年に東京大学出版会から刊行された柳原正治・兼原敦子編『国際法からみた領土と日本』は珠玉の論文集である。南シナ海及び東シナ海における中国の動向の国際法上の分析については，坂元茂樹『侮ってはならない中国』（信山社，2020年）が非常に参考になる。

## 初 出 一 覧

Ⅰ.『島嶼研究ジャーナル』 9 巻 2 号 （2020年） 6－23頁

Ⅱ.『島嶼研究ジャーナル』12巻 1 号 （2022年） 18－30頁

Ⅲ.『島嶼研究ジャーナル』12巻 2 号 （2023年） 25－34頁

Ⅳ.『国際問題』659号 （2017年） 1 － 3 頁

Ⅴ.『島嶼研究ジャーナル』11巻 1 号 （2021年） 18－28頁

Ⅵ.『島嶼研究ジャーナル』11巻 2 号 （2022年） 62－72頁

Ⅶ.『実証の国際法学の継承（安藤仁介先生追悼）』（信山社，2019年） 763－785頁

Ⅷ.『島嶼研究ジャーナル』 7 巻 1 号 （2017年） 20－30頁

〈著者紹介〉

中 谷 和 弘 （なかたに・かずひろ）

1960年　東京に生まれる
1983年　東京大学法学部卒業
現　在　東京大学大学院法学政治学研究科教授

〈主要著作〉

『航空経済紛争と国際法』（信山社，2022年，住田航空奨励賞受賞）

『もう1つの国際仲裁』（東信堂，2022年）

『国家による一方的意思表明と国際法』（信山社，2021年）

『為替操作，政府系ファンド，途上国債務と国際法』（東信堂，2020年）

『ロースクール国際法読本』（信山社，2013年）

『国際法研究　創刊第1号～第12号』（共編，信山社，2013～2023年）

『国際法』（共著，有斐閣，2006年〔第4版，2021年〕）

『グローバル化と法の諸課題』（共編，東信堂，2019年）

『サイバー攻撃の国際法』（共著，信山社，2018年［増補版，2023年］）

『人類の道しるべとしての国際法』（共編，国際書院，2011年）

『国際化と法』（共編，東京大学出版会，2007年）

『安全保障と国際犯罪』（共編，東京大学出版会，2005年）

＊著作一覧は，https://www.j.u-tokyo.ac.jp/faculty/nakatani_kazuhiro/ 参照

世界の島をめぐる国際法と外交

2023（令和5）年7月30日　第1版第1刷発行

著　者　中 谷 和 弘
発行者　今 井 貴 今 井 守
発行所　株式会社 信 山 社
〒113-0033 東京都文京区本郷 6-2-9-102
Tel 03-3818-1019　Fax 03-3818-0344
info@shinzansha.co.jp
笠間才木支店　〒 309-1600 茨城県笠間市才木 515-3
笠間来栖支店　〒 309-1625 茨城県笠間市来栖 2345-1
Tel 0296-71-0215 Fax 0296-72-5410
出版契約 2023-3354-01010 Printed in Japan

中谷和弘

# 航空経済紛争と国際法
# 国家による一方的意思表明と国際法
# ロースクール国際法読本

中谷和弘・河野桂子・黒﨑将広

## サイバー攻撃の国際法 — タリン・マニュアル2.0の解説

【2023.5【増補版】刊行】

岩沢雄司・中谷和弘 責任編集

## 国際法研究 1～12号 続刊

岩沢雄司・岡野正敬 編集代表

小和田恆国際司法裁判所裁判官退任記念

## 国際関係と法の支配

---

柳原正治・森川幸一・兼原敦子 編

## プラクティス国際法講義（第3版）
## 《演習》プラクティス国際法

---

柳原正治 編著

## 国際法先例資料集1・2 不戦条約
### 【日本立法資料全集】

## 信山社